성공하는 귀농인보다
행복한 귀농인이 되자!

성공하는 귀농인보다
# 행복한 귀농인이 되자!

초판 1쇄 발행  2018년 7월 1일

**지은이** 김완수 · **발행인** 권선복 · **편집** 천훈민 · **디자인** 서보미
**전자책** 천훈민 · **마케팅** 권보송 · **발행처** 도서출판 행복에너지 · **출판등록** 제315-2011-000035호
**주소** (07679) 서울특별시 강서구 화곡로 232 · **전화** 0505-613-6133 · **팩스** 0303-0799-1560
**홈페이지** www.happybook.or.kr · **이메일** ksbdata@daum.net

값 15,000원
ISBN  979-11-5602-594-8    03190

도서출판 행복에너지는 독자 여러분의 아이디어와 원고 투고를 기다립니다. 책으로 만
들기를 원하는 콘텐츠가 있으신 분은 이메일이나 홈페이지를 통해 간단한 기획서와 기
획의도, 연락처 등을 보내주십시오. 행복에너지의 문은 언제나 활짝 열려 있습니다.

전직 농업기술센터소장이 알려주는

**귀농·귀촌 가이드**

김완수
지음

# 성공하는
# 귀농인보다
# 행복한
# 귀농인이 되자!

행복에너지

# 사전 정보 습득과 작목 선정은
# 지역 농업기술센터를 활용하자!

강원도 영월군, 경기도 안성시, 경기도 농업기술원, 여주시 농업기술센터에서 34년간 농촌지도직 공무원 생활을 했다. 나는 현장에서 제기되는 농업인들의 애로사항을 해결하려고 무던히 애썼던 현장맨이었다.

고품질 안전 포도생산을 위한 포도 비 가림시설 설계도를 정리·작성해 경기도 공무원 제안제도에 제출하여 경기도지사상을 받은 것을 비롯, 배 Y자 지주시설 설계도,

과수원 방조망 시설 설계도, 태양열 이용 지중난방시설 설계도 제작에 공동 참여했으며, 태양열의 농업적 이용 기술, 시설원예 에너지 절감 기술, 소비자가 찾는 3Good 과일 생산하기 등 지도자료 책자를 발간하기도 했다.

1996년부터는 경기도 배연구회, 사과연구회, 포도연구회, 복숭아연구회, 시클라멘연구회 등 도 단위 농업인 품목별 연구회를 조직하여 같은 작목을 경영하는 도내 선진농가들의 Study Group을 결성했고, 이를 통해 주요 시기별 재배기술이나 경영정보기술, 현장연찬교육, 품평회 등을 통한 정보교환을 정례화하여 전국적으로 확산되는 계기를 만들었다.

2014년 여주시 농업기술센터 소장직을 끝으로 퇴직한 후에도 이러한 농업 현장의 애로사항 해결 노하우를 살려 농촌진흥청 강소농 민간전문위원으로 여러 교육현장에 출강해 필요한 정보전달에 힘쓰고 있다. 현재 출강하고 있는 곳은 공무원연금공단의 퇴직예정자교육, 인지어스 유한회사의 경찰청과 현대자동차 퇴직예정자교육, 미래사회교육원의 귀농·귀촌과정교육, 농협대학의 귀농·귀촌대학, 최고경영자과정 교육, 경기도 농업기술원 도시농업과정, 시·군 농업기술센터의 농

업인대학과정 등이다.

교육을 하다 보니 귀농·귀촌 시에 무엇을 경영<sup>재배</sup>해야
할지 모두 궁금해하지만 어느 누구도 선뜻 답을 제시하지
못한다는 것을 알았다. 이러한 현실에 도움이 되었으면
하는 바람으로 귀농·귀촌을 위한 주요 정보를 얻는 방법,
귀농·귀촌 지역의 시·군 농업기술센터를 활용하는 방법,
귀농·귀촌 지원정책정보 그리고 소비자들이 원하는 농산
물은 무엇인지 등을 정리했다.

각종 지원정책의 경우 각 기관별, 부서별로 산재된 정보
를 발췌 정리하는 과정에서 일부 지역의 자료 게시 누락
이나 오래된 자료, 체계적이지 않은 자료들을 게시된 그
대로 정리하였음을 밝혀둔다. 따라서 부정확하다고 판단
될 경우 귀농·귀촌<sup>예정</sup>지 지방자치단체의 관련 부서에 확
인하는 것도 한 가지 방법이 될 것이다.

지방자치단체에서 실행하는 사업은 중앙정부의 지원정
책을 기본으로 대략 같은 맥락으로 진행되지만 지방자치
단체의 예산 사정에 따라 다소 차이가 있을 수 있고 사업
이 조기에 소진될 수도 있기 때문이다.

이러한 정보들이 제한적이긴 하나 귀농·귀촌 희망자들에게 다소나마 도움이 될 것을 확신한다. 또한 전직 농업기술센터 소장으로서 각 기관별, 부서별로 산재되어 있는 정보들을 모았기 때문에 '귀농·귀촌 가이드'로서 손색이 없을 것이다. 귀농·귀촌인들의 많은 활용을 기대한다.

2018년 6월

화성서재에서 **김완수** 드림

# CONTENTS

제1장

# 귀농 · 귀촌의 실상

# 작목 선택 정보가 미흡하다

2005년부터 여주시 농업기술센터에서 귀농·귀촌 교육과정을 운영하면서 알게 된 사실은 귀농·귀촌 교육생들의 주된 관심사는 "무엇을 심어야 돈을 벌까?"라는 것이다. 소득이 창출돼야 농촌 정착에 성공하는 것이기 때문에 그들의 이러한 물음은 당연한 것이다. 하지만 이런 질문에 누구도 자신 있게 대답해 주기는 어렵다.

일부 종묘관련자들은 이런 틈새를 파고들어 과대선전으로 특정 작목을 홍보했다. 대표적인 예가 블루베리나 아로니아블랙 초크베리인데, 현재 많은 귀농·귀촌인들이 그들의 말만 믿고 재배했다가 판로에 어려움을 겪고 있다. 항간에서 귀농인들의 5대 작목 또는 6대 작목이라 하여 블루베리, 아로니아블랙 초크베리, 삼채, 여주, 체리, 백향과 등을 선전하기도 했지만 초기에 종묘를 판매한 분들 빼고는 성공으로 이어진 사례는 많지 않다.

**오피니언**
기고

## 블루베리 황금 과일일까?

김한수(여주군농업기술센터 기술지원과장) | webmaster@yeojunews.co.kr

＋ － 🖨 🖶 🖷   발언 2009.03.09  09:50:43

최근 귀농하는 사람들이 늘어나면서 여주군농업기술센터를 찾아오는 사람들이 부쩍 늘고 있다. 대부분 도시생활을 접고 물 맑고 공기 좋은 여주로 정착하러 오는 사람들이다. 자연히 농업을 새로 시작해야 하기 때문에 농업에 대한 자문을 얻으러 농업기술센터를 찾으면서 문의하는 것은 무슨 작목을 심어야 돈이 되느냐? 는 것이다. 하지만 상담자의 입장에서 상대의 영농상황을 충분히 알지 못하는 상황에서 작목을 추천하기란 여간 어려운 일이 아니다. 농업이 그만큼 다양하고 어렵기 때문이다. 귀농조건, 영농경력 등을 문의하며 우선은 농업을 이해하기 위해서는 그 지역의 특산물을 권해본다. 여주의 특산물은 대왕님표 여주 쌀을 비롯하여 밤고구마, 가지, 배 등을 우선 꼽을 수 있지만 그래도 첫 영농을 하시는 분들에게는 고구마에 대한 상담을 많이 해주는 편이지만, 고구마 농사에 대한 문구보다는 블루베리에 대

한 문의가 늘어나고 있다. 블루베리(Blue berry)란 진달래과 산앵두나무속에 속하는 북아메리카 원산의 과수로서 최근 재배되고 있는 블루베리는 1900년대 초반 미국 농무성에서 북미에 자생하고 있는 야생종을 개량, 우량품종으로 육성한 것으로 푸른 열매가 아름답고 맛이 좋기에 '블루베리'라 불리게 된 20세기에 태어난 과수이다. 예부터 아메리카 원주민들의 비타민 보급원으로 이용되다가 최근에 과일성분이 건강식품으로 밝혀지면서 주목을 받기 시작하여 우리나라에도 소개되었다. 우리나라에서는 평택지역를 비롯하여 김포, 고성 등에서 재배되어 약 100ha 미만으로 재배되고 있는 것으로 추측된다. 하지만 블루베리가 보급되면서 너무 장미빛 소식만이 강조되어 고가에 팔리는 고급과일이고 고소득이 보장되는 것으로 알려져서, 자칫 준비가 부족한 농가들이 낭패를 보게 될 경우도 우려한다. 우선 묘목구입부터 고가이다. 주당 5,000원~30,000원까지 거래되고 있는 묘목은 보증묘목을 구하기도 어렵거니나 비쌀까지 많이 소요되고 있어 이에 대한 충분한 사전 지식이 필요하다. 그리고 나무의 생장 특성상 산성토양에 잘 자라기 때문에 토양산도 교정 후 식재를 해야 하는데, 이때 고가의 피트모스를 이용하도록 알려져 있으나 고가의 자재를 사용하는 것보다는 농업기술센터의 토양검정 처방을 받아 산도교정 지도

이들 작목 중 일부는 FTA 때문에 2016년에 오히려 폐원지원 대상작목으로 지정되어 많은 농업인들이 폐원 신청을 하기도 했다. 폐원지원 제도란 'FTA 농어업법' 제9조 제1항에 따라 FTA이행으로 과수, 축산 등 품목의 재배사육가 곤란하다고 인정되는 품목에 대해 농업인 등이 폐업을 희망할 경우 3년간의 순수익을 지원하는 제도이다.

품목 선정기준은 'FTA 수입 피해 모니터링' 42개 품목과, 농업인들이 피해가 있다고 신청한 34개 품목에 대하여 전년도 가격동향, 수입량 및 생산량 등을 분석하여 전문가 검증위원회에서 선정한다. 또한 '수입기

여도 체계도'에 따라 수입농산물로 피해를 본 작목 중에서 투자비용이 크고 재배<sup>사육</sup> 기간이 2년 이상인 품목을 폐원지원 대상 작목으로 선정한다. 2013년에는 한우와 한우 송아지, 2014년에는 한우 송아지, 2015년에는 체리, 시설포도, 닭고기, 노지포도, 밤, 2016년에는 블루베리, 시설포도, 노지포도가 폐원지원 대상 작목으로 선정되었다.

2017년에는 정부정책의 변화로 폐원지원 대상 작목은 없었으며 도라지만 피해보전직접지불 대상으로 선정되었다. 피해보전직접지불 대상은 'FTA농어업법' 제7조 1항에 근거하여 FTA 이행에 따른 급격한 수입 증가로 국산 농산물 가격이 일정수준 이하로 하락할 경우 가격 하락분의 일정 부분을 보전해 주는 제도다. 2014년에는 수수, 감자, 고구마, 2015년에는 대두, 감자, 고구마, 멜론, 2016년에는 당근, 2017년에는 도라지가 선정되었다. 이렇듯 우리나라의 농산물은 FTA 체결로 수입 농산물의 영향을 받기 때문에 귀농·귀촌 시 수입농산물의 영향을 많이 받는 한우, 포도, 블루베리, 체리 등은 신중한 선택이 요구되며 또한 소비<sup>유통</sup>가 불분명한 아로니아<sup>블랙 초크베리</sup>, 삼채, 여주, 백향과 등도 선택 시 신중해야 한다.

## ② 귀농·귀촌인의 자격

귀농·귀촌인의 정의

귀농인이란 세대주가 타 산업에 1년 이상 종사하다가 농업을 목적으로 농촌 지역으로 이주·정착한 사람이다.

통계청에서 매년 11월 1일을 기준으로 귀농인으로 통계 잡는 기준은

① 1년 전 주소가 동(洞)지역이고, 현 주소가 읍·면지역인 주민으로

② 농업인의 자격기준 이상의 영농 규모를 경영하며 농업경영체 등록을 하거나

③ 축산업등록부의 종축업자, 사육업자로 등록하고

④ 농지원부의 농업인으로 신규 등록한 자를 말한다. 따라서 귀농인이 되려면 1년 전에 주소를 농촌지역으로 이전하는 것이 필수요건이다.
귀촌인이란 전원생활 등을 목적으로 농촌으로 이주·정착하는 자를 말한다.

## 농업인이 되려면?

귀농하여 농업인의 자격을 얻으려는 사람은 농지법 시행령에 의거

① 1,000㎡ 이상의 농지에서 농작물을 재배하거나 경작하는 자 또는 90일 이상 농업에 종사하는 자

② 330㎡ 이상 시설재배 또는 경작자(버섯 포함)

③ 축산의 경우 대가축은 2두 이상, 중소가축은 10두 이상, 소가축은 100두 이상, 가금류는 1,000수 이상, 그리고 꿀벌의 경우는 10군 이상 사육자 또는 120일 이상 종사자

④ 농산물 판매액이 연간 120만 원 이상인 자로 정의하고 있다. 농어업·농어촌 식품 산업법 시행령에서 영농조합, 농업회사 법인에 1년 이상 계속 고용된 자도 해당되며 산지관리법에서는 대추 1,000㎡ 이상, 밤 5,000㎡ 이상, 잣 10,000㎡ 이상 등 일정한 규모의 임산물을 재배하는 자도 포함된다.

## 귀농·귀촌인이 증가하는 요인

### 1) 베이비부머 세대의 은퇴 시작

우리나라 베이비부머 세대에는 한국전쟁 이후 1955~1963년까지 출생한 712만여 명의 1차 베이비부머 세대가 있고, 이어서 1968년생~1974년까지 출생한 938만여 명의 2차 베이비부머 세대가 있다. 그중 1차 베이비부머 세대의 은퇴가 시작되었다.

## ㄹ) 장수시대의 노후준비로 새로운 삶 추구

2016년 통계청 발표에 따르면 한국인의 기대수명은 남자 79.3세, 여자 85.4세로 나타났는데, 기대수명이 늘어남에 따라 예전과 달리 은퇴 후 20~30년을 대비해야 하는 시대가 도래했다. 이러한 추세로 2040년까지 한국인의 평균수명은 89.3세까지 늘어난다는 전망이다. 성균관대 하이브리드 컬처 연구소 인간의 자연회귀 본능의 발현일 수도 있지만 그보다 은퇴 후 새로운 삶의 방향으로 정년 없이 계속할 수 있는 엘리트 농업을 선택하는 사람들이 많아지고 있기 때문이다. 이러한 분위기는 각종 매스컴에서도 반영돼 '건강과 웰빙'이라는 주제로 귀농·귀촌을 권하고 있다.

### 귀농·귀촌인 실태

2016년 통계청 발표에 따르면 귀농가구 수는 12,875가구 20,559명으로 2015년 대비 7.7% 증가했다. 귀촌가구 수도 322,508가구 475,489명으로 2015년 대비 1.6% 증가한 것으로 나타났다. 연령대별로 보면 귀농인은 50대가 39.9%, 60대가 25.4%, 40대가 18.3%, 30대가 10.4%, 70대가 6.0% 순이다. 귀촌인은 30대가 26.4%, 40대가 19.4%, 50대가 18.8%, 20대가 18.1%, 60대가 10.8%, 70대가 6.5% 순이다. 귀농지역으로는 경북 18.0%, 전남 14.9%, 경남 12.7%, 충남 11.1%, 경기 10.0%, 전북 9.8%, 충북 8.2%, 제주 3.9% 순이며, 귀촌지역은 서울과 인접한 경기 26.5%, 경남 11.7%, 경북 11.6%, 충남 11.0%, 전남 8.5%, 충북 6.6%, 강원 6.4%, 전북 4.9%, 제주 2.6% 순이다. 귀농의 경우는 경북 전남을, 귀촌의 경우는 수도권인 경기도를 선호하고 있는 것으로 나타났다.

예비 귀농·귀촌자들은 무엇보다 귀농·귀촌 관련 정보를 어디서 어떻게 구할 것인지가 가장 큰 고민이다. 가장 마음 편히 문을 두드릴 수 있는 곳은 바로 시·군 농업기술센터와 각 도 농업기술원, 농촌진흥청 등 농촌진흥기관이다. 정책적 지원 등을 알아보기 위해서는 농림축산식품부 산하 귀농·귀촌종합정보센터 등 귀농·귀촌 희망자들을 도와주는 곳을 찾으면 된다. 우선 여기서는 귀농·귀촌 등 관련 정보를 포괄적으로 제공하는 사이트를 소개하고, 귀농 시 지역농업기술센터를 활용하는 방법에 대해서는 별도의 장에서 소개하고자 한다.

# 제2장

# 어디서
# 관련 정보를 구하나?

# 작목별 재배(사양) 기술

작목별 재배<sup>사양</sup>기술은 어떻게 구할까? 농촌진흥청 홈페이지<sub>www.rda.</sub> <sub>go.kr</sub> 농업기술포털『농사로』에서 농업기술을 클릭하면 우리나라에서 재배<sup>사양</sup>되는 대부분의 작물이나 가축사양 기술을 구할 수 있다.

농업기술정보에는 식량작물, 특용작물, 채소, 과수, 화훼, 축산, 녹비작물, 곤충, 작물 보호, 토양비료 등으로 크게 분류되어 있고, 과수 대분류를 클릭하면 사과, 배, 포도, 복숭아 등 과종별 정보가 나온다. 과종별 정보에는 과종별 일반사항, 종자<sup>축</sup>, 병해충<sup>질병</sup>, 재배<sup>사양</sup> 등 분야별 기술을 볼 수 있다. 이밖에도 농자재 농업경영 교육이나 지역정보, 생활문화 등도 살펴볼 수 있다.

농사로

통합검색     Q   무 성분   금붕어   논나시

| 농자재 | 영농기술 | 농업경영 | 교육 | 지역정보 | 생활문화 |

## I달의 농업기술

< >   이달의 농업기술 전체보기     **관심정보**

**차세대 한국형 스마트팜 개발**
차세대 한국형 스마트팜 개발에 대해 알아봅니다.
2017-07-24

**복숭아 적기수확 및 수확 후 관...**
복숭아 적기수확 및 수확 후 관리요령에 대해 알아봅니다.
2017-07-24

**강풍·집중호우 대비 농업시설물...**
강풍·집중호우 대비 농업시설물 관리요령에 대해 알아봅니다.
2017-07-14

반려동물
**집밥 만들기**

자세히보기

RDA인테러뱅   이달의 농업기술   현장맞춤형 스마트 농업기술   농업용어사전   축산용어사전   농촌인적자원 개발센터   농업인건강안전   농식품종합정보

### 농업기술

- 품종정보
- 작목기술정보
- 농업기술동영상
- 작목별병해충

### 수출농업

- 품목별 수출정보
- 안전성 정보
- 수출입 통계
- 자료실

### 농업경영

- 농산물소득정보
- 실시간가격정보
- 관측정보

### 치유농업

- 이달의 음식
- 텃밭가꾸기
- 실내정원
- 농촌체험
- 반려동물 집밥 만들기

## 농작물 병해충 정보 및 진단

　농작물에 발생하는 병해충 발생 정보는 기본적으로 농촌진흥청 농업 기술 포털 『농사로』를 활용하거나 농촌진흥청과 각 도 농업기술원에서 매주 제공하는 '농작물 병해충 발생정보'를 활용하면 된다.

　우리 농장에 발생한 병해충이나 이상증상을 진단해 보려면 경기도 농업기술원에서 운영하는 '사이버 식물병원'을 이용하면 된다.

　경기도 농업기술원 홈페이지http://nongupgg.go.kr에 들어가서 '사이버식물병원'을 클릭하고 문의하고자 하는 병해충이나 생리장해 등 이상 증상을 스마트폰으로 촬영하여 올리면 사이버 민원으로 접수되어 궁금증을 바로 해결할 수 있다. 실제 2016년도에는 82만 명 정도가 이용했고 진단 의뢰 건수도 수천 건이나 되었다.

병해충 진단

## ③
# 농산물 유통정보

　고품질 농산물을 생산하는 것 못지않게 중요한 것이 제값 받고 판매할 수 있는 유통정보를 확보하는 것이다. 이러한 유통정보를 실시간으로 제공해 주는 곳이 농촌경제연구원 농업관측본부http://aglook.krei.re.kr이다. 물론 농업관련 기관 홈페이지에서 가격정보 정도는 제공하는 곳이 많으나 농촌경제연구원 농업관측본부에서는 농업관측정보, 품목동향, 농업전망 등의 자료도 제공되고 있다. 각종 통계자료를 수집하여 분석 후 전문가들의 자문을 받아 작성된 정보를 실시간으로 제공하고 있는 것이다.

　농업관측정보는 엽근채류, 양념채소, 과일, 과채, 축산, 곡물, 버섯으로 분류해 놓았고, 그중 엽근채류, 양념채소, 과채류 등 채소는 3~12월까지 매월 1일을 기준으로 정보가 제공되고 있으며, 과일은 5~12월까지 매월 5일을 기준으로 제공된다.

축산은 2~12월까지 매월 25~27일 기준으로 주요 축종별 정보가 제공되며 곡물은 2~11월까지 매월 25~30일 기준으로 국제곡물동향을 포함하여 제공된다. 버섯은 8월과 11월 2회에 걸쳐 엽근채류 발표 시 포함하여 제공된다. 여기다가 5월, 7월, 10월, 12월에 제공되는 경제전망도 활용하면 많은 도움을 받을 수 있다. 품목동향은 농업관측 정보에서 다루는 주요 품목을 대상으로 가격과 반입량, 도매가격동향 등의 정보가 제공되며 매년 초에 발표되는 농업전망은 농림업 부분을 둘러싼 국내외 경제환경 변화와 동향을 종합적으로 분석하여 해당 연도의 농업전망을 제공한다.

# 귀농·귀촌 종합정보
## (귀농·귀촌종합센터)

농림축산식품부 농림수산식품교육문화정보원 산하 귀농·귀촌종합센
터www. returnfarm.com에서는 귀농·귀촌 상담, 교육정보, 지원정책, 관련
정보, 알림정보, 지자체관 정보 등을 제공하고 있는데 이 중에서 지원
정책과 지자체관을 살펴보면 귀농지역 선정 시 정보를 얻을 수 있다.

# 제3장
## 농촌진흥기관 활용

# 농촌진흥기관 현황

## 농촌진흥청(중앙단위 기관)

농촌진흥청은 농림축산식품부 장관 소속으로 농업의 발전과 농업인의 복지 향상 및 농촌자원의 효율적 활용을 도모하기 위하여 농업과 농촌인, 농촌과 관련된 과학기술의 연구·개발·보급을 추진하며, 농촌지도, 교육훈련 및 국제협력에 관한 사항을 추진함으로써 농촌 지역의 진흥과 국가발전에 기여하는 기관이다.

이러한 농촌진흥청을 잘 활용하기 위하여 주요 조직을 알아두면 필요한 부서를 활용할 수 있을 것이다.

주요 조직으로 본청<sup>전주</sup>에는 연구정책국, 농촌지원국, 기술협력국 등 3개 국과 기획조정관, 감사담당관, 운영지원과 등이 있고 소속기관으로 국립농업과학원, 국립식량과학원, 국립원예특작과학원, 국립축산과학

원 등 4대 분야별 국립과학원이 있다.

본청 연구정책국에는 연구정책과, 연구운영과, 연구성과관리과, 농자재산업과가 있고 농촌지원국에는 지도정책과, 기술보급과, 농촌자원과, 역량개발과, 재해대응과, 식량산업기술팀이 있으며 기술협력국에는 국제기술협력과, 국외농업기술과, 농산업경영과, 수출농업지원과가 있고 기획조정관에는 기획재정담당관, 혁신행정법무담당관, 지식정보화담당관, 고객지원담당관, 농업빅데이터 일자리팀이 있다.

국립농업과학원<sup>완주</sup>에는 농업유전자원센터<sup>전주</sup>, 농업환경부, 농업생물부, 농산물안전성부, 농업공학부<sup>전주</sup>, 농업생명자원부<sup>전주</sup>, 농식품자원부가 있다. 국립식량과학원에는 본원<sup>완주</sup>에 작물육종과, 작물재배생리과, 작물기초기반과, 기술지원과가 있고, 중부작물부<sup>수원</sup>, 남부작물부<sup>밀양</sup>, 고랭지농업연구소<sup>평창</sup>, 바이오에너지작물연구소<sup>무안</sup> 그리고 춘천·철원·영덕·상주 출장소가 있다.

국립원예특작과학원에는 본원<sup>완주</sup>에 원예작물부와 원예특작환경과, 저장유통과, 기술지원과가 있고, 원예작물부에는 채소과, 과수과, 화훼과, 도시농업과가 있으며, 인삼특작부<sup>음성</sup>에는 인삼과, 약용작물과, 버섯과, 인삼특작이용팀이 있다. 그 외에 온난화대응농업연구소<sup>제주</sup>, 시설원예연구소<sup>함안</sup>, 사과연구소<sup>군위</sup>, 배연구소<sup>나주</sup>, 감귤연구소<sup>서귀포</sup>, 남해출장소가 있다.


국립축산과학원에는 본원<sup>완주</sup>에 축산생명환경부, 축산자원개발부<sup>천안</sup>, 가축질병방역팀 기술지원과가 있고, 그 외에도 가축유전자센터<sup>남원</sup>, 한우연구소<sup>평창</sup>, 가금연구소<sup>평창</sup>, 난지축산연구소<sup>제주</sup>가 있다.

이 밖에도 산하기관으로 농촌진흥청에서 개발한 농업과학분야 연구개발성과의 신속한 영농현장 실용화를 촉진하기 위해 농업기술실용화재단<sup>익산</sup>이 있다. 농업기술실용화재단의 분석검정본부는 수원

## 각 도 농업기술원(도 단위 기관)

각 도에는 도 특색에 맞는 농업기술개발 보급을 위한 도 단위 농업기

경기도농업기술원

술원이 있다. 전국적으로 경기, 강원, 충북충남, 전북전남, 경북경남, 제주 등에 9개가 있다. 경기도 농업기술원<sup>화성</sup>에는 연구개발국과 기술보급국 등 2개국과 행정지원과가 있으며 연구개발국에는 작물연구과, 원예연구과, 환경농업과 등 3개 과가 있고, 지역특화연구소로 버섯연구소<sup>광주</sup>, 소득자원연구소, 인삼연구팀<sup>연천</sup>, 선인장다육연구소<sup>고양</sup>가 있다.

기술보급국에는 지도정책과, 기술보급과, 농촌자원과 등 3개 과가 있으며 경기농업기술교육센터, 지역곤충자원산업화지원센터도 운영하고 있다.

강원도 농업기술원<sup>춘천</sup>은 연구개발국과 기술지원국 등 2개 국과 총무과가 있으며 연구개발국에는 작물연구과, 원예연구과, 환경농업과 등 3개 과와 지역특화연구소로 농식품연구소<sup>춘천</sup>, 옥수수연구소<sup>홍천</sup>, 특화작물연구소<sup>강릉</sup>, 산채연구소<sup>평창</sup>, 고원분소<sup>태백</sup>, 인삼약초연구소<sup>철원</sup>가 있다. 기술지원국에는 지원기획과, 기술보급과, 생활자원과 등 3개 과가 있으며 미래농업교육원도 운영하고 있다.

충청북도 농업기술원<sup>청주</sup>은 연구개발국과 기술지원국 등 2개 국과 총무과가 있으며 연구개발국에는 작물연구과, 원예연구과, 친환경농업과 등 3개 과와 지역특화연구소로 포도연구소<sup>옥천</sup>, 마늘연구소<sup>단양</sup>, 수박연구소<sup>음성</sup>, 대추연구소<sup>보은</sup>, 와인연구소<sup>영동</sup>가 있다.

기술지원국에는 지원기획과, 기술보급과, 농촌자원과 등 3개 과가 있다.

충청남도 농업기술원<sup>예산</sup>은 기술개발국과 농촌지원국 등 2개 국과 총무과가 있으며 기술개발국에는 작물연구과, 원예연구과, 친환경농업과, 기술보급과 등 4개 과와 지역특화연구소로 과채연구소<sup>부여</sup>와 논산딸기시험장, 양념채소연구소<sup>태안</sup>, 화훼연구소<sup>예산</sup>, 인산약초연구소<sup>금산</sup>, 청양구기자시험장이 있다.

기술지원국에는 지원기획과, 자원식품과, 역량개발과 등 3개 과가 있으며 종자관리소<sup>예산</sup>와 논산분소 잠사충사업장<sup>공주</sup>도 운영하고 있다.

전라북도 농업기술원<sup>익산</sup>은 연구개발국과 현장지원국 등 2개 국과 행정지원과가 있으며 연구개발국에는 농식품개발과, 기후대응과, 원예산업과 등 3개 과와 지역특화연구소로 약용자원연구소<sup>진안</sup>와 허브시험장<sup>남원</sup>, 과채류연구소<sup>군산</sup>와 수박시험장<sup>고창</sup>이 있다.

현장지원국에는 농촌자원과, 자원경영과, 친환경기술과 등 3개 과가 있으며 종자사업소<sup>익산</sup>와 잠사곤충시험장<sup>부안</sup>도 운영하고 있다.

전라남도 농업기술원<sup>나주</sup>은 연구개발국과, 기술지원국 등 2개 국과 운영지원과가 있으며 연구개발국에는 친환경농업연구소, 식량작물연구소, 원예연구소, 차산업연구소<sup>보성</sup>, 과수연구소<sup>해남</sup>, 곤충잠업연구소<sup>장성</sup>, 축산연구소<sup>강진</sup> 등 7개 연구소가 있다.

기술지원국에는 농촌지원과, 기술보급과, 농업교육과, 자원경영과 등 4개 과가 있다.

경상북도 농업기술원<sup>대구</sup>은 연구개발국과 기술지원국 등 2개 국과 총무과가 있으며 연구개발국에는 작물육종과, 원예경영육종과, 농업환경연구과 등 3개 과와 지역특화연구소로 생물자원연구소<sup>안동</sup>, 유기농업연구소<sup>의성</sup>와 성주참외 과채류연구소, 청도복숭아연구소, 영양고추연구소, 상주 감연구소, 봉화 약용작물연구소, 구미 화훼연구소, 풍기 인삼연구소가 있다.

기술지원국에는 지원기획과, 기술지원과, 생활자원과 등 3개 과가 있다. 경상남도 농업기술원<sup>진주</sup>은 연구개발국과 기술지원국 등 2개 국과 총무과가 있으며 연구개발국에는 작물연구과, 친환경연구과, 원예연구과 등 3개 과와 지역특화연구소로 양파연구소<sup>창녕</sup>, 단감연구소<sup>김해</sup>, 화훼연구소<sup>창원</sup>, 사과이용연구소<sup>거창</sup>, 약용자원연구소<sup>함양</sup>가 있다. 기술지원국에는 지원기획과, 기술보급과, 농촌자원과, 미래농업교육과 등 4개 과가 있다.

제주도 농업기술원<sup>서귀포</sup>에는 연구개발국과 기술지원국 등 2개 국과 총무과가 있으며 연구개발국에는 원예연구과, 친환경연구과 등 2개 과가 기술지원국에는 기술지원조정과가 있으며 농산물원종장<sup>제주</sup>, 감귤육종센터도 운영하고 있다.

(표3-1) 전국 농업기술센터 현황

| 구 분 | 지역 | |
|---|---|---|
| 특·광역·<br>특별자치시(12) | 서울, 부산, 기장군, 대구, 달성군, 인천, 강화군, 옹진군,<br>광주, 대전, 울산, 세종 | |
| 경기(20) | 수원시 고양시 성남시 용인시 안산시 남양주시 화성시 평택시 시흥<br>시 파주시 김포시 광주시 이천시 양주시 안성시 포천시 여주시 양평<br>군 가평군 연천군 | |
| 강원(18) | 춘천시 원주시 강릉시 동해시 태백시 속초시 삼척시<br>홍천군 횡성군 영월군 평창군 정선군 철원군 화천군 양구군 인제군<br>고성군 양양군 | |
| 충북(11) | 청주시 충주시 제천시 보은군 옥천군 영동군 증평군 진천군<br>괴산군 음성군 단양군 | |
| 충남(15) | 천안시 공주시 보령시 아산시 서산시 논산시 계룡시 당진시<br>금산군 부여군 서천군 청양군 홍성군 예산군 태안군 | |
| 전북(14) | 전주시, 익산시, 군산시, 정읍시, 남원시, 김제시, 완주군, 장수군, 진<br>안군, 부안군, 임실군, 무주군, 순창군, 고창군 | |
| 전남(21) | 여수시 순천시 나주시 광양시 담양군 곡성군 구례군 고흥군<br>보성군 화순군 장흥군 강진군 해남군 영암군 무안군 함평군<br>영광군 장성군 완도군 진도군 신안군 | |
| 경북(23) | 포항시 경주시 김천시 안동시 구미시 영주시 영천시 상주시<br>문경시 경산시 군위군 의성군 청송군 영양군 영덕군 청도군<br>고령군 성주군 칠곡군 예천군 봉화군 울진군 울릉군 | |
| 경남(16) | 거제시 거창군 고성군 김해시 남해군 밀양시 사천시 산청군<br>진주시 창녕군 창원시 통영시 하동군 함안군 함양군 합천군 | |
| 제주(4) | 제주시 서귀포시 동부 서부 | |
| 농업기술센터가 없고<br>팀이나<br>담당자만 있는 곳(11) | 경기(10) | 부천시 녹색정책과, 의왕시 농업산림과 농업기술팀, 안양시 지역<br>경제과 도시농업팀, 오산시 농림공원과 농축산팀, 광명시 생활경<br>제과 농축정팀, 동두천시 농업녹지과 농촌지도팀, 구리시 산업경<br>제과 농촌지도팀, 군포시 지역경제과, 하남시 농업지원과 농업기<br>술팀, 의정부시 도시농업기술과 |
| | 전남 (1) | 목포시 농상과 |
| 농촌지도 기능이<br>없는 곳(1) | 경기 과천시 | |

## ② 농업기술센터 시설 및 장비 등의 활용

### 전국의 농업기술센터

전국의 농업기술센터는 서울특별시, 부산광역시 기장군, 대구광역시 달성군, 인천광역시 강화군·옹진군, 광주광역시, 대전광역시, 울산광역시, 세종특별자치시 등 특·광역·특별자치시에 12개소가 있고, 경기도 20개, 강원도 18개, 충북 11개, 충남 15개, 전북 14개, 전남 21개, 경북 23개, 경남 16개, 제주도 4개 등 전국적으로 154개소가 있다.

지역 여건에 따라 다소 차이가 있으나 각 시·군 농업기술센터에서는 분석 장비, 검정 장비 등 첨단 과학 장비를 비치해 운영하고 농기계 전문교육장 전시포 등도 운영하며 관련 자료실도서실도 운영하고 있으니 필요시 이용할 수 있다. 필자가 근무하였던 경기도 여주시 농업기술센터의 사례를 들어 소개한다.

농업의 기본이 되는 토양의 각종 영양소와 성분을 분석해 준다. 재배하려는 작물에 요구되는 성분과의 차이를 알아내어 토양별 필요한 성분을 시비할 수 있도록 시비처방을 해 주고, 식물체, 퇴비, 농업용수까지 성분을 정밀 분석하여 환경과 조화되는 안전농산물 생산 환경을 지원하고 있다.

## 1) 분석 항목

① 토양정밀검정 : 산도$^{pH}$, 염농도$^{EC}$, 유기물, 인산, 칼리, 칼슘, 마그네슘, 양분보존능력, 석회요구량, 유효규산함량 등

② 식물체 분석 : 질소, 인산, 칼리, 칼슘, 마그네슘, 붕소

③ 퇴비 분석 : 질소, 유기물, 수분율, 인산, 칼리, 칼슘, 마그네슘, 크롬, 납, 카드뮴, 구리

④ 농업용수 분석 : 산도$^{pH}$, 염농도$^{EC}$, 질소, 인, 황, 암모늄 등

## 2) 시료 채취 방법

① 토양 시료는 작물 재배$^{비료 살포 전}$ 전, 재배 후$^{수확 후}$ 포장에서 5~10지점을 일정한 간격으로 채취한다. 표토를 걷어내고 논밭은 10~15cm, 과수원은 20cm 깊이의 흙을 채취한다.

② 식물체 시료는 이상이 있는 식물체$^{작물}$와 정상적인 식물체를 각각 채취하여 시료봉투에 시들기 전에 담아 의뢰한다.

③ 이상이 있는 시설하우스의 지하수나 농업용 관개수를 1L 정도 채수병$^{PP병}$이나 플라스틱 병에 채취하여 곧바로 환경농업분석실에

의뢰한다.


### 3) 토양검정 의뢰방법

채취한 흙을 골고루 섞어 비닐봉투<sup>토양시료 지퍼백</sup>에 500g 정도 담아 가까운 읍·면 지구상담소나 농업기술센터 환경농업분석실에 의뢰한다. 이 때 비닐봉투<sup>지퍼백</sup>에 성명, 경작지 지번, 지적, 전화번호, 재배작물<sup>과수는 몇년생등</sup> 등을 기록한다.


### 4) 정밀 분석

정밀분석은 2주 이상 소요되므로 시비처방을 위한 분석은 작물재배파종<sup>정식</sup> 시기를 감안하여 미리 신청해야 한다.


### 5) 시비처방서 활용요령

① 시비처방서는 15일 이내 발부되며 내용은 토양성분함량<sup>산도 등 8성분</sup>, 질소, 인산, 칼리의 시비 추천량, 토양개량제<sup>석회, 퇴비</sup> 살포량이 제시되어 있다.

② 농업인은 처방서에 권장된 대로 추천된 시비량을 살포하면 된다. 또한 분석 및 검정결과는 농업기술센터 주전산망에 입력되어 재출력도 가능하다.

# 임야 비료사용 처방서

## | 경지 현황

| 조사번호 | 2017-1 | 작품명 | 배(17년생) | 면적 | 3,300m² |
|---|---|---|---|---|---|
| 경작자명 | 손○○ | 경작지 | 경기도 의왕시 ○○동 산 47-2 | | |
| 경작자주소 | 경기도 의왕시 ○○동 산 47-2 | | | | |
| 토양유형 | 압쇄토 입지 | 토성 | 사양토 | 토양통 | 송산동 |

| 토양유형 | | | | 배수등급 | 매우양호 |
|---|---|---|---|---|---|
| 토양특성 | 해당없음 | | | | |

## | 토양검정 결과

| 단위 | ph(1:5) | g/kg | mg/kg | cmol + /kg | cmol + /kg | cmol + /kg | ds/m |
|---|---|---|---|---|---|---|---|
| 적정범위 | 6.0 - 6.5 | 25 - 35 | 200 - 300 | 0.3 - 0.6 | 5.0 - 6.0 | 1.5 - 2.0 | 0.0 - 2.0 |

☞ 대체로 지력이 낮은 토양으로 생육하거나 비절현상이 나타날 수 있습니다. 토양 ph가 낮아 작물 생육이 저조할 수 있으므로 석회질비료와 퇴비를 살포하고, 인산질 비료는 적게 주는 것이 좋습니다.

## | 비료 추천량   ( kg/ 3,300 m² ) 비료와 퇴비는 각각 한 종류만 선택하여 사용하십시오.

| 구분 | 질소질비료 | | 인산질비료 | | 칼리질비료 | | 퇴비종류 | | | | 소 석 회 (석회고토) |
|---|---|---|---|---|---|---|---|---|---|---|---|
| | 요소 | 유안 | 용성인비 | 용파린 | 염화칼리 | 황산칼리 | 볏짚퇴비 | 우분퇴비 | 돈분퇴비 | 계분퇴비 | |
| 밑거름 | 93 | 204 | 50 | 50 | 48 | 58 | 8,250 | 8,250 | 1,815 | 1,403 | - |
| 웃거름 | 40 | 87 | 0 | 0 | 48 | 58 | - | - | - | - | - |

## | 담당자 의견

▶대체로 지력이 낮은 토양으로 생육하거나 비절현상이 나타날 수 있습니다. 토양 ph가 낮아 작물 생육이 저조할 수 있으므로 석회질비료와 퇴비를 살포하고, 인산질 비료는 적게 주는 것이 좋습니다.

토양점검일 : 2017년 04월 26일   발급일자 : 2017년 04월 20일   담당자: 노안성   전화: 031-229-5823

## 농기계 임대사업소

1,000㎡ 미만의 작은 농사를 하든 10,000㎡ 이상의 큰 농사를 하든 농기계 이용은 필수다. 하지만 귀농 시 곧바로 농기계 구입은 경영비를 압박하여 농가부채로 이어지는 것이 현실이다. 따라서 대부분의 농업 기술센터에서는 농기계 임대사업을 하고 있으니 활용방법을 알고 이용하는 것이 바람직하다.

### 1) 농기계 임대

단기간 사용으로 경제성이 떨어지는 농기계 장비 등의 애로사항 해결을 위하여 여주에서는 55종 254대의 농기계를 확보하여 농업인들에게 연중 단기간 임대해 주고 있다.

### 2) 친환경 광역살포기 현장지원

2천만 서울·경기 일원 국민들의 식수인 남한강의 수질보전을 위해 지난 2003년부터 항공방제사업을 중단했는데 그 대안으로 2008년부터 친환경 광역살포기 현장지원임대 사업을 추진하고 있다. 광역살포기를 활용하여 유용미생물, 기능성 제제, 액상비료 등을 효율적으로 살포하고 있으며, 긴급병해충 발생 시 신속한 초기 방제를 통해 농약 사용을 최소화하고 농가 일손을 덜어주고 있다.

### 3) 농기계 안전 이용 교육

주기적으로 농기계 안전 이용 교육을 실시하고 있다.

임대 농기계

### 4) 농기계 순회 수리

오지마을을 중심으로 마을에서 요청 시 농기계 순회수리와 안전교육
을 병행하고 있으며 수리비는 무료이나 부품 값은 실비만 부담한다.


## 유용미생물 연구실

친환경농업의 기초는 건강한 토양과 건강한 가축, 식물체를 재배사양
하는 것이다. 이를 위해서는 토양이나 식물체 그리고 가축에게 유용한
토착미생물을 공급하여 유해한 미생물을 제어하고 유용한 미생물이 우
점하게 해야 한다. 이를 위해 2006년부터 유용미생물연구실을 운영하
며 벼, 시설채소, 과수, 축산 농업인들을 위한 광합성세균, 바실러스, 효
모, 유산균 등을 배양하여 희망하는 농업인들에게 보급하고 있다.

유용미생물 연구실

축산농가의 경우는 유용미생물을 공급받아 사료에 혼합 이용하는 것이 번거롭다는 건의를 받아들여 관련 법규를 검토해 사료에 일괄 배합하여 공급하는 시스템을 만들고 축협과 공동으로 운영하고 있다.

### 1) 신청 방법

경종재배 농업인들은 사전최소 1주일 전에 방문하여 미생물 전문가와 대상작물, 사용목적, 사용 예정량, 사용 시기 등을 상담하여 목적에 맞는 미생물 사용 신청서를 작성하여 신청한다.

### 2) 미생물 배양

상담결과를 바탕으로 신청서에 따라 미생물 종류와 사용 예상량을 배양하여 신청농가에 통보한다. 1주일 정도 소요

### 3) 사용 방법

지정된 날짜에 미생물을 받아다가 바로 사용한다. 미생물은 생물이므

로 오래 방치하면 미생물이 죽거나 활력이 저하되어 효과가 떨어진다.

※ 축산농가에 보급되는 고체미생물은 사료에 배합되는 체제로 운영하기 때문에 별도의 재료비가 부가된다.

### 4) 시용 효과

유용미생물은 활용하면 농약과 항생제의 사용절감과 품질향상 등으로 생산성이 증대되고 30~40%의 경영비가 절감되는 효과가 있다. 또한 축산환경개선 효과가 있는데 황화수소 및 암모니아 등의 감소로 악취 저감과 질병예방, 생산성 효과를 볼 수 있다.

## 가공 상품화 연구실

농업의 6차산업화를 위해서는 가공2차 산업이 점점 중요해지고 있다. 1차 농산물 생산만으로는 소득이 적어 생산한 농산물을 가공하여 부가가치를 높이려는 농업인들의 요구에 맞추어 가공연구실을 운영하고 있으며 농업인 가공 전문 인력도 육성하고 있다. 또한 농산물가공식품의 애로사항인 식품인허가 문제를 해결하기 위해 가공상품화연구실을 농산물종합가공센터로 확장해 운영하는데, 농업인들이 지역농산물인 쌀, 고구마, 가지, 복숭아, 블루베리, 아로니아 등을 음료, 농축액, 잼, 조청, 분말, 제환, 과립 등 가공 제품으로 만들어 판매할 수 있도록 하고 있다.

### 1) 보유시설

가공연구실, 가공실습실, 발효실

가공 상품화 연구실

## 2) 주요장비

열풍건조기, 분쇄기건식, 습식, 당화솥, 포장기컵실러, 밴드실러, 야채절단기,

오븐, 제빵기기, 병입기 등 48종


## 3) 교육내용

① 가공실습실 : 생활기술전문교육, 가공전문 인력육성

② 가공연구실 : 지역 농·특산물 이용 가공연구 개발

※ 희망 농업인에게 개방하여 가공기술 습득 지원 (문의 : 생활교육팀 031-887-3757)
※ 가공교육을 이수한 농업인들은 '가공식품 연구회' 또는 '향토음식 연구회' 등으로 지속 발전하고 있다.


## 정보화 교육장 (겸 화상회의실)

농업인들의 정보화 능력 배양을 위하여 컴퓨터 작동의 기초 단계부터

블로그 활용, 인터넷 쇼핑몰 운영까지 전자상거래를 할 수 있도록 수준

별로 정보화교육이 이루어지는 곳이다.

또한 농촌진흥청, 도 농업기술원, 전국의 시·군 농업기술센터와 원격

화상으로 연결하여 최신 기술과 영농정보를 교환할 수 있고, 화상 시스

템, 최첨단 무선랜 장착 노트북을 이용한 정보화교육과 농업인 세미나
실 등 다양한 용도의 강의실로도 활용될 수 있다.


1) 주요장비 : 노트북, 화상 장비


2) 이용인원 : 20명/회


3) 운영효과

① 홈페이지 운영 등 전자상거래 운영능력 배양

※ 정보화교육 e-비지니스을 이수한 농업인들의 연구모임이 '사이버 연구회'로 지속 발전되고 있다.


## 고구마 무병묘 센터

전국 최대 고구마 산지인 여주 고구마의 명성을 지키기 위하여 고구
마 바이러스 무병묘를 생산 보급하는 시설이다. 품질이 우수한 고구마
를 생산하기 위해서는 좋은 묘 그리고 농업인들의 우수한 재배기술, 지

방자치기관의 적극적인 지원 등이 합해져야 한다. 여주 고구마 재배농업인들의 오랜 숙원인 연작장해를 줄이고 바이러스 무병묘 생산체제를 갖추기 위해 지난 2015~2016년까지 30억 원을 들여 고구마무병묘센터를 농업기술센터에 설치하고 2017년부터 본격적으로 무병묘를 희망농가에 분양하고 있다.

바이러스 무병묘 생산과정

고구마 생육         생장점 적출 및 치상         기내 생육         계대배양

기내 생육         무병묘 순화         농가 보급         무병묘 고구마 생산

1) 규모

① 조직 배양실 660㎡, 증식 하우스 500㎡, 저온 저장고 100㎡

2) 무병묘 공급

② 품종 : 서둔3호, 초감미, 풍원미, 신건미, 연미, 증미 등

③ 공급 가격원/주 : 배양묘 300, 순화묘 400, 증식묘 200

### 3) 년차별 공급계획

| 년 | 2017 | 2018 | 2019 | 2020 |
|---|---|---|---|---|
| **공급량**<br>(단위: 천주) | 300 | 500 | 500 | 500 |

## 친환경축산관리실

양축농업인의 가축질병 피해를 최소화하고 안전한 축산물 생산을 지원하기 위해 친환경축산관리실에 우유 체세포 측정기 등 과학 검정 기계를 구비하여 검사 민원을 해결하고 질병 상담도 실시하고 있다.

### 1) 검사 항목

① 우유 체세포 측정, 세균약제 감수성 검사, 환경위생 진단약취, 고체 미생물 균 수 측정, 사료수분 검사 등

### 2) 시료 채취 요령

① 유방염약제 감수성 검사 : 치료약제 투약 전 우유를 멸균용기에 적당량 채취

② 우유 체세포 수 검사 : 우유 50~100cc를 유두별 또는 개체별 채취

③ 가검물 검사 : 병반부를 깨끗하게 세척한 후 순수 가검물만 채취

## 쌀 품질 분석실

전국 최초 여주쌀 산업특구의 명성을 지키기 위해 여주 쌀의 품종 및 품위 분석을 하고 있으며 이를 통해 시중유통 쌀의 엄격한 품질을 관리

하고 여주쌀의 이미지 확립을 위해 운영한다.


## 1) 보유 기자재 분석항목

| 구분 | 장비명 | | 분석분야 |
|------|--------|--|----------|
| 품질분석 | 성분 분석기 | AN700 | 단백질, 아밀로오스, 수분 등 품질평가치 |
| | 품질분석 | RN500, RN300 | 완전립, 쇄립, 미숙립, 피해립, 구열립 률 |
| | 품종분석 | 도요미도메타 | 기계적 식미(간접측정) |
| | 수분 측정기 | PB – 3016 | 곡물(쌀, 보리, 밀 등) 수분함량 |
| | 백도계 | C–300, MMD | 쌀의 투명도 분석 |
| | 신선도 측정기 | RN – 820 | 쌀의 신선도 측정 |
| 품종분석 | Real-time PCR | 7500 | DNA 증폭기 |
| | 이미지분석장치 | Alpha Imager HP | DNA 이미지 분석장치(Gel사진) |
| | 원심 분리기 | FLETA5, HERMLE | DNA 추출 |


## 2) 운영내용

① 품질 및 식미분석 : 600점 이상/년

② 품종 분석 : 30점 내외/년

③ 분석 의뢰처

  – 일반농가 및 여주시 농협조합공동사업법인, 민간RPC

  – 관내 쌀 유통업체

  – 품종표시 판매자 의뢰 시료

  – 시험사업, 시범사업 단지 쌀 등


## 3) 품질분석 기준치

| 단백질함량 | 아밀로오스함량 | 완전립률 | 수분함량 | 기계적식미 | 품종순도 |
|-----------|--------------|---------|---------|-----------|---------|
| 6.5% 이하 | 17.0~19.5% | 95% 이상 | 15~16% | 80점 이상 | 80% 이상 |

생활기술교육관

  생활교육을 통해 여성 농업인들의 즐거운 여가 생활을 제공하고 여주 여성 농업인들에게 활력을 주는 만남의 장소다.

1) 규모 및 보유시설 : 486㎡(창작실, 조리실, 강의실, 예절실)

2) 보유 장비 : 재봉틀, 크로마하프, 사물놀이 악기 등

3) 교육 내용 : 생활개선 과제교육, 요리교육, 홈패션 등 생활 교육 연중 진행

과수 꽃가루 은행

  배, 사과 등 주요 과실의 안정적인 생산을 위해 개화기 전후 일정기간 동안 꽃가루 제조시설을 운영하고 사용 후 남은 꽃가루는 냉동저장해

주는 시설이다.

1) 개설 시기 : 매년 4.1~4.30<sup>냉동고는 연중</sup>

2) 규모 및 주요 장비 : 33㎡ <sup>약 채취기 2대, 정선기 2대, 개약기 8대, 화분정선기 3대, 냉동고 1대</sup>

3) 운영체계

꽃 채취<sup>농업인</sup> → 약 분리 → 약정선 → 개약 → 화분정선 → 발아율 조사 → 증량제 혼합

※ 꽃 채취시기 : 꽃송이당 20% 개화 시

4) 꽃가루 소요량 : 20g/1,000㎡

※저장할 꽃가루는 발아력 검사 후 냉동보관(-20℃)

농업정보 자료실

일반서점이나 도서관에서 구하기 어려운 농업전문도서, 정기간행물, 학회지, 시청각 교재 등 전문 농업자료를 비치하여 농업인들에게 대여해 주는 자료실이다.

1) 보유자료

농업서적 4,500여 권, 정기간행물 30여 종, 시청각 교재 300여 편 등


2) 대여 기간 : 2주


## 소비자가 찾는 현장 학습장

1) 현장 학습장 종류

① 벼 유전자원포 : 38개국 300여 품종 전시

## ③
# 농촌진흥기관에서 실시하는 주요 교육
### (추천)

농촌진흥청을 비롯하여 각 도 농업기술원 그리고 시·군 농업기술센터에서는 농업인들에게 새로운 정보 전달을 위하여 많은 교육을 분야별로 다양하게 추진하고 있다. 일선 시·군 농업기술센터 소장으로 근무한 경험을 바탕으로 귀농·귀촌자들이 귀농 전후 이수하면 도움이 되는 교육 위주로 소개한다.

### 귀농·귀촌 교육

귀농·귀촌 희망자가 증가함에 따라 교육을 희망하는 사람들도 매년 늘어나는 추세이다. 이에 따라 귀농·귀촌 교육을 여러 기관에서 동시다발적으로 진행하고 있다. 공공기관이나 대기업은 퇴직 예정자에 대한 퇴직 전 전직교육의 일환으로 귀농·귀촌 과정을 운영하고 있다.

귀농·귀촌종합센터에서는 전국 36개 기관에 기초과정 13개, 중급과정 12개, 심화과정 6개, 귀촌생활과정 12개 등 43개 과정을 운영하고 있으며 경기도 귀농·귀촌지원센터에서도 '경기귀농 귀촌대학'을 운영하고 있다. 또한 농촌진흥청을 비롯하여 각 도 농업기술원과 각 시·군 농업기술센터에서도 매년 귀농·귀촌과정을 운영하고 있으며 민간단체에서도 운영하는 곳이 있다.

필자도 공무원연금공단에서 실시하는 퇴직예정자 전직설계교육과정, 인지어스나 미래사회교육원 등 민간 교육기관에서 위탁받아 실시하는 경찰청 퇴직예정자 전직설계과정, 현대자동차 퇴직예정자 귀농과정, 귀농귀촌종합센터에서 위탁받아 실시하는 여주경영전문학교 농협대학교 귀농과정, 일선 시·군 농업기술센터에서 진행하는 귀농·귀촌과정 교육 등 다양한 기관의 교육과정에 참여한 경험을 가지고 있다.

교육 내용이나 교육 시간 등이 제각각이고 강사 편성도 다양했다. 교육 희망자의 현실이나 사정에 따라 선택되는 과정이 다르더라도 최소한 교육 이수 시간은 100시간 이상을 채울 수 있는데 현장실습이 많은 과정이 좀 더 실용적이다.

귀농 희망지역의 시·군 농업기술센터나 농업기술원에서 추진하는 귀농·귀촌 교육과정을 선택하면 교육과정 중 지역 특산물의 재배기술 정보에 많은 도움을 받을 수 있고 지역 농업인이나 관계자들의 조언도 들을 수 있다. 또한 자기가 재배하고자 하는 분야의 전문 지도사나 강소농 민간 전문위원들과도 멘토 관계를 맺을 수 있다.

## 경기도농업기술원 신규농업인(귀농·귀촌)교육과정(17년도)

| 구분 | 계획인원 | 교육시간 | 교육내용 |
|---|---|---|---|
| 기초반 | 90 | 12 | - 귀농·귀촌정책의 이해<br>- 농업현황과 전망<br>- 농업세무, 토양의 이해 |
| 중급반 | 90 | 12 | - 과수·채소재배기술<br>- 병충해방제<br>- 안전농산물생산 |
| 영농실습반 | 90 | 30 | - 토양·영양과 작물생육<br>- 농업미생물 활용<br>- 농업기계실습<br>- 시설채소 및 버섯재배, 실습 |
| 마케팅반 | 90 | 12 | - 농식품 유통전략, 농업회계<br>- 포장디자인, 6차 산업모델 이해 등 |
| 창업설계반 | 20 | 50 | - 귀농창업 비즈니스 모델 설계<br>- 귀농창업 액션플랜 설계<br>- 소득모델 설계 등 |
| 심화코칭반 | 30 | 50 | - 농산물 마케팅 전략<br>- 농장액션플랜<br>- 상품차별화 전략<br>- 홍보전략, 원가 계산 등 |

※문의 1. 경기도 농업기술원 홈페이지(http:nongup. gg. go. kr) 참조
2. 지도정책과 농업교육팀(031-229-5817, 6143)
3. 각 과정, 교육 인원, 시간, 교육내용 등은 변경될 수 있음
4. 경기 이외 지역은 해당지역 농업기술원이나 농업기술센터 홈페이지 참조

## 경기도 귀농·귀촌지원센터운영 '경기귀농귀촌대학'

| 구분 | 내용 |
|---|---|
| 모집 시기 | 매년 2~3월 |
| 교육 대상 | 경기도 거주자 및 경기도 귀농 희망자 |
| 교육 시간 | 110시간 이상(7개월 장기 과정) |
| 교육 내용 | 실습(50% 이상)·사례중심 강의 |
| 교육비 | 경기도 지원(최대 57%), 자부담(43%) 내외 |
| 참고사항 | 경기농 식품유통진흥원홈페이지(www.gfi. or. kr)참조(매년 2월)<br>또는 경기도귀농·귀촌지원센터(031-250-2790)<br>※과정 및 인원, 교육내용은 해당기관사정에 따라 변동될 수 있다. |

## 농업인 대학 교육

농업인들도 평생교육 차원에서 단기성 교육보다는 장기적으로 체계적인 교육을 희망하는 경우가 많아지고 있다. 각 도 농업기술원과 일부 농업기술센터에서는 이러한 농업인들의 요구에 맞추어 1년 과정의 농업인대학을 운영하고 있다. 물론 정규의 대학과정이 아니기 때문에 학위증은 없고 수료증을 교부하고 있다.

이 교육의 장점은 관심 분야의 교육을 체계적으로 받을 수 있고 무엇보다도 교육을 함께 받은 동료 교육생들과 장기적인 인간관계를 맺고 평생 동료관계를 이어 나갈 수 있다는 점이다.

실제로 필자가 근무했던 여주시 농업기술센터의 21C농업인대학의 경우 졸업생들 중 과정별로 모임을 결성하여 정기적인 모임과 밴드활동으로 발전한 경우가 상당히 많다.

브라이언 트레이시Brian Tracy가 쓴 『백만 불짜리 습관』에서 보면 현대인의 성공 요인은 ① 건강과 균형적인 삶, ② 원만한 대인관계절친한 친구를 유지하는 삶, ③ 좋아하는 일을 하는 삶, ④ 재정적 독립 순이라고 한다. 귀농·귀촌으로 인생 2모작을 하는 사람의 원만한 대인관계를 위해서는 농업인대학에 입학하는 것도 한 방법일 것이다.

경기도 관내 농촌진흥기관에서 이러한 농업인대학을 운영하는 곳은 경기도 농업기술원경기농업대학을 비롯하여 고양시벤처농업대학, 용인시그린대학, 안산시안산농업 아카데미, 화성시그린농업 기술대학, 남양주시그린농업대학, 평택시슈퍼오닝대학, 파주시파주 희망 농업인대학, 김포시엘리트농업인대학, 광주시광주 클린농업인대학, 이천시이천 농업생명대학, 양주시바이오농업대학, 안성시녹색농업대학, 포천시포천그린농업대학, 여주시여주 21C농업인대학, 양평군천환경농업대학, 가평군클린농업대학, 연천군농업대학 등이며 18개가 운영 중이다.

## 경기농업대학 운영프로그램 개요(경기도농업기술원)

| 과정 | 인원 | 시기 | 시간(횟수) | 운영방법 | 비고 |
|---|---|---|---|---|---|
| 곤충산업과 | 25명 | 3~10월 | 120시간(28회) | | ·문의 |
| 농업강사양성과 | 25명 | 〃 | 〃 | 월~목요일 | :농업교육팀 |
| 스마트농업과 | 25명 | 〃 | 〃 | (13:30~17:30) | (031-229-5856) |
| 체험전문가양성과 | 25명 | 〃 | 〃 | | ·접수 |
| 계(4) | 100 | 3~10월 | 120시간(28회) | | :12말~2월초 |

※ 교육과정, 인원, 시기, 시간은 연도별로 변동될 수 있음.

## 시·군 농업기술센터 농업인대학 운영프로그램(경기도)

| 대학명 | 기간 | 횟수 | 인원(명) | 총인원(명) | 학과(반) |
|---|---|---|---|---|---|
| 소계(17대학) | | | 2,078 | | |
| 1  고양시벤처농업대학 | 3~10월 | 26 | 45 | 135 | 약초반 |
| | | 27 | 35 | | 산업곤충반 |
| | | 27 | 55 | | 농산가공 창업반 |
| 2  용인시 그린대학 | 3~11월 | 32 | 30 | 114 | 미래농업CEO과 |
| | | 32 | 42 | | 그린농업과 |
| | | 32 | 42 | | 신규농업인과 |
| 3  안산시 안산농업아카데미 | 4~10월 | 25 | 30 | 80 | 신규농업과 |
| | | 25 | 30 | | 생활원예과 |
| | | 25 | 20 | | 농산물가공과 |
| 4  화성시 그린농업기술대학 | 3~11월 | 29 | 30 | 150 | 농업경영CEO과 |
| | | 29 | 30 | | 친환경농업과 |
| | | 29 | 30 | | 생활원예과 |
| | | 29 | 30 | | 농산물가공과 |
| | | 29 | 30 | | 농업마케팅과 |
| 5  남양주시 그린농업대학 | 3~11월 | 35 | 36 | 204 | 채소과 |
| | | 35 | 35 | | 특용작물과 |
| | | 35 | 37 | | 관광농업과 |
| | | 35 | 36 | | 생활원예과 |
| | | 35 | 30 | | 미래농업과 |
| | | 35 | 30 | | 식문화과 |

| | | | | | | |
|---|---|---|---|---|---|---|
| 6 | 평택시<br>슈퍼오닝대학 | 3~11월 | 29<br>29<br>29 | 36<br>44<br>40 | 120 | 농산물마케팅과<br>농산물가공과<br>양봉과 |
| 7 | 파주시<br>파주희망농업인대학 | 3~11월 | 23<br>26<br>28 | 45<br>30<br>21 | 96 | 양봉6차산업반<br>농산물e-마케팅반<br>원예활동지도자양성반 |
| 8 | 김포시<br>엘리트농업대학 | 3~12월 | 35<br>35<br>35<br>35<br>35 | 35<br>40<br>40<br>39<br>40 | 194 | 귀농귀촌학과<br>조경학과<br>약용작물학과<br>스마트농업학과<br>농산물가공학과 |
| 9 | 광주시<br>광주클린농업인대학 | 3~11월 | 30<br>30 | 35<br>35 | 70 | 전문농업과<br>농산물가공과 |
| 10 | 이천시<br>이천농업생명대학 | 3~11월 | 29<br>29<br>29 | 43<br>41<br>26 | 110 | 생활농업과<br>친환경농업과<br>농업마케팅과 |
| 11 | 양주시<br>바이오농업대학 | 4~11월 | 29<br>29<br>29 | 29<br>35<br>27 | 91 | 생활원예과<br>소득작물과<br>농업경영과 |
| 12 | 안성시<br>그린대학 | 3~11월 | 28<br>28<br>28 | 25<br>18<br>31 | 74 | 귀농기초반<br>친환경농업반<br>6차산업반 |
| 13 | 포천시<br>포천그린농업대학 | 3~11월 | 29<br>29<br>23<br>29 | 35<br>31<br>29<br>28 | 123 | 스마트농업과<br>6차산업과<br>사과전문과정<br>한우전문과정 |
| 14 | 여주시<br>여주21C농업인대학 | 3~11월 | 31<br>31<br>31 | 35<br>35<br>35 | 105 | 발효식품과<br>농촌체험관광과<br>생활원예과 |
| 15 | 양평군<br>친환경농업대학 | 2~11월 | 33<br>33<br>33 | 36<br>41<br>36 | 113 | 전문농업과<br>신규농업과<br>농산가공과 |
| 16 | 가평군<br>크린농업대학 | 4~12월 | 28<br>30<br>30 | 46<br>44<br>49 | 139 | 전문농업과<br>귀농귀촌과<br>농촌관광과 |
| 17 | 연천군<br>농업대학 | 3~11월 | 25<br>21 | 30<br>30 | 60 | 생활원예과<br>유가공학과 |

## 강소농교육

강소농 사업은 경쟁국에 비해 경영 규모는 작으나 끊임없는 역량 개발과 차별화된 경쟁력을 통해 자율적인 경영혁신을 지속적으로 실천하는 농업경영체<sup>농업인, 농장</sup>를 육성하는 사업으로 2011년부터 농촌진흥청 핵심 사업으로 추진하고 있다. 강소농 사업은 자율적인 교육으로부터 시작되기 때문에 시·군 농업기술센터에서 교육을 진행하고 있으며, 기초교육, 심화교육, 후속 교육과 현장 컨설팅으로 이루어진다. 무엇보다도 강소농으로 등록이 되면 전문가들의 코칭과 멘토링을 받을 수 있다.

## 강소농 사업 프로세스

| 구 분 | 시기 등 | 내 용 |
| --- | --- | --- |
| 1. 신청 | 농업기술센터(1~2월) | - 농가, 작목반, 영농조합법인, 협동조합, 연구회 등 |
| 2. 진단, 처방 | 신청 시 | - 농가경영진단 및 처방※ 표준진단표 및 역량진단표 활용 |
| 3. 기본교육 | 6시간 | - 농업환경, 농업정책, 강소농의 이해, 사례<br>- 품목 기술교육<br>※ 기술, 마케팅, 디자인, 서비스 등 |
| 4. 심화교육 | 1박2일(14시간) | - 농장경영분석, 비전(목표)세우기<br>- 경영계획서 작성, 실행보고서 작성 실습<br>- 품목 기술교육 |
| 5. 후속교육 | 1~2회/월 | - 실행보고서 발표<br>- 품목 전문가 코칭, 경영전문교육<br>- 자율모임체 구성, 품목 기술교육 등 |
| 6. 현장 컨설팅 | 농가 요구 시 | - 내·외부 전문가 현장 방문 |
| 7. 자립 경영체 탄생 | 농업경영체, 자율모임체 | - 개별·공동 브랜드 상표개발<br>- 유통, 마케팅 조직체 구성 운영 |
| 8. 확산 발전 | 강소농 자율경영체 | - 농가, 연구회, 품목조직체 등 |
| 9. 농업 체질개선 | 중소농 중심 | - 품질, 서비스가치 향상 등 만족도 제고 |
| 10. 지속 농업 | 자립 가족농 | - 작지만 강한 한국농업 실현 |

## 정보화 교육( e-비지니스 교육)

정보화 교육은 컴퓨터 작동 기본부터 e-비지니스, 전문농업인 양성 그리고 농산물 온라인 판로개척 과정까지 단계적으로 편성되어 있으며 블로그 운영 또는 인터넷 판매 능력까지 배양하는 것을 목표로 하고 있다. 따라서 각 도 농업기술원이나 시·군 농업기술센터에서는 대부분 정보화 교육장을 운영하고 있다.

여러 과정 중 e-비지니스 과정을 이수하면 자기 농장 홍보나 인터넷 판매까지 가능하니 기회가 있으면 꼭 받기를 권한다.

경기도 농업기술원에서 2017년에 추진하는 e-비지니스 전문 농업인 교육과 농산물 온라인 판로개척 교육 과정을 소개한다.

### 1) e - 비즈니스 전문농업인 양성교육

① 교육개요

- 기간 : 2017. 3. 8 ~ 7. 12(기간 중 수요일)

※ 교육신청 기간은 2017. 2. 3 ~ 2. 10(8일간)

② 장소 : 경기도 농업기술원 정보화교육장 및 농업 현장 등

③ 교육 횟수 및 시간 : 16회, 100시간

④ 교육인원 및 대상 : 40명, 사이버 농업인 및 희망자

※ 전년도 수료생 교육 신청 시 정원 20% 이내 평가 선발 및 후순위 선정

⑤ 주요 내용

- 농업인 역량강화를 위한 e-비지니스 리더 양성교육 및 현장견학

- 블로그, 페이스북, 스토어팜 등 SNS를 활용한 농산물 판매 기법

– '레인보우 SNS 기자단'과 함께하는 현장 포스팅 실습 참여 등

⑥ 신청 자격

– 블로그를 운영하고 있는 사람(필수)

– 시·군에서 e-비지니스 교육 또는 사이버 교육을 받은 사람

– 최근 6개월간 블로그 일 평균 방문자 수 50명 이상

– 최근 6개월간 블로그 월 평균 게시글 수 3건 이상

※ 블로그 운영은 필수이며 교육, 방문자 수, 게시글 등은 자격조건을 충족하지 못해도 신청은
   가능하나 신청 인원이 많을 경우 자격조건 충족 대상자를 우선 선발함.

## 교육일정

| 회차 | 날짜 | 교육내용 | 회차 | 날짜 | 교육내용 |
|---|---|---|---|---|---|
| 1 | 3.8 | 입학식 및 OT | 9 | 5.10 | 네이버 포스트 제작 |
| 2 | 3.15 | 감동마케팅 및 성공사례 | 10 | 5.17 | 우수고객 관리 기법 |
| 3 | 3.22~23 | 현장견학 및 실습 | 11 | 6.7 | 스토리가 있는 사진촬영 |
| 4 | 3.29 | SNS활용 농산물 스토리텔링 | 12 | 6.14 | 나만의 쇼핑몰 스토어 팜 |
| 5 | 4.5 | 협업을 통한 성공 마케팅 | 13 | 6.21~22 | 현장견학 및 실습 |
| 6 | 4.12 | 블로그 최적화 | 14 | 6.28 | SNS 종류별 홍보전략 스페셜 영상 제작 |
| 7 | 4.19 | 주요 키워드 분석 | 15 | 7.5 | 소셜 이벤트를 통한 고객확대, 학습평가 |
| 8 | 4.26 | 나만의 타이틀 만들기 | 16 | 7.12 | 수료식 |

※ 교육일정은 변동될 수 있음.
   문의 : 농촌자원과 경영기술팀(031-229-5893)

## 2) 농산물 온라인 판로 개척 교육

### ① 교육개요

- 기간 : 2017. 8. 16 ~ 11. 15 기간 중 수요일 ※ 교육신청기간은 2017. 7. 25 ~ 8. 29일간

- 장소 : 경기도 농업기술원 정보화 교육장 및 농업 현장 등

- 교육 횟수 및 시간 : 13회, 78시간

- 교육 인원 및 대상 : 30명, 사이버 농업인 및 희망자


### ② 주요 내용

- 스토어 팜 개설부터 상품관리, 상품 이미지 만들기

- 스토어 팜 소비자 트렌드 분석을 위한 키워드 빅데이터 분석

- 스마트폰 상품홍보 영상 촬영, 영상 제작을 통한 스토어 팜 연계


### ③ 신청 자격

- 필수 자격조건 : 현재 블로그를 운영하고 있으며 스토어 팜에 등록

  할 상품이 있는 경기 지역 농업인 상품 사진 첨부

- 도원/시군에서 e-비지니스 교육 또는 사이버 교육을 받은 분

- 최근 6개월간 블로그 일 평균 방문자 수 50명 이상

- 최근 6개월간 블로그 월 평균 게시글 수 3건 이상

  ※ 필수 자격조건을 충족하지 못하여도 신청은 가능하나 신청 인원이 많을 경우 자격조건
  충족대상자를 우선 선발함

# 교육 세부일정

| 회차 | 강의일시 | | 내용 | 시간 |
|---|---|---|---|---|
| 1 | 8.16 | 10:00~14:00 | 개강식 및 비전 설정과 목표 관리<br>- 농가의 비전 설정하기 | 3 |
| | | 14:00~17:00 | 농가 스토어팜 키워드 및 판매상품 분석<br>- 판매할 상품 키워드 분석하기<br>- 판매상품 준비를 위한 워크숍<br>※ 목표 : 판매할 주력 상품군 및 매출 목표 정하기 | 3 |
| 2 | 8.23 | 10:00~17:00 | 스토어팜 판매를 위한 사진촬영<br>- 스토어팜에 필요한 상품 소품 활용법<br>- 스토어팜에 필요한 사진 촬영 | 6 |
| 3 | 8.30 | 10:00~17:00 | 스토어팜 상품 등록을 위한 상품 이미지 제작<br>- 포토스케이프 사용법/ 대표 상품 만들기<br>- 상품등록 가이드 기준 분석하기<br>※ 목표 : 촬영한 상품 사진 편집 | 6 |
| 4 | 9.6 | 10:00~17:00 | 스토어팜 상품등록 · 상품관리<br>- 상위 노출을 위한 상품 등록 품질지수<br>- 상품 조회 및 수정/ 공지사항 관리 | 6 |
| 5 | 9.13 | 10:00~17:00 | 스토어팜 상품 등록 · 판매/문의 관리<br>- 구매평, 고객 관리<br>- 발주/취소/반품 관리 | 6 |
| 6 | 9.20 | 10:00~17:00 | 스토어팜 상품을 돋보이는 상세 페이지 제작<br>- 템플릿을 활용한 상품 소개 상세 페이지 제작<br>※ 목표 : 농가 상품페이지 완료 | 6 |
| 7 | 9.27 | 10:00~17:00 | 스토어팜 꾸미기 · 메인/모바일 디자인 실습<br>- 메인에 필요한 상품 촬영<br>- 포토스케이프를 활용한 메인화면 만들기 | 6 |
| 8 | 10.11 | 10:00~17:00 | 스토어팜 노출 채널 관리<br>- 럭키투데이 등록 및 SNS실정 | 6 |
| 9 | 10.18 | 10:00~17:00 | 스토어팜 상품영상으로 소개 페이지 만들기<br>- 어플을 활용한 상품 영상 촬영 및 실습 | 6 |
| 10 | 10.25 | 10:00~17:00 | 스토어팜 꾸미기  PC화면 전시관리<br>- 레이아웃 설정 및 PC화면 변경/ 카테고리 관리 | 6 |
| 11 | 11.1 | 10:00~17:00 | 스토어팜 꾸미기  모바일 전시관리<br>- 레이아웃 설정 및 순서 변경/ 스토어 관리 | 6 |
| 12 | 11.8 | 10:00~17:00 | SNS 마케팅을 활용한 스토어팜 홍보<br>- 타 플랫폼과 연계한 판매 및 홍보전략 | 6 |
| 13 | 11.15 | 10:00~17:00 | 스토어팜 성공적인 운영을 위한 정리<br>- 성공적인 운영을 위한 정리<br>- 눈 마케팅 전략<br>수료식 | 6 |

※ 교육일정은 현장상황에 의해 변동될 수 있음.

## 농기계 교육

　과거에는 농기계 교육을 도 농업기술원과 시·군 농업기술센터에서 동시에 실시하였으나 이제는 시·군 농업기술센터에서는 농기계임대사업을 위주로 하고, 농업기술원에서는 농기계 교육을 주로 실시하고 있다.

　교육신청은 해당 농업기술센터를 통하여 하거나 도 농업기술원에 직접 할 수도 있다.

　2017년도 경기도 농업기술원에서 진행하는 농기계교육을 소개한다.

### 경기도농업기술원 농기계교육

| 과정명 | 인원(명) | 횟수 | 교육대상 | 교육일정 | 비고 |
|---|---|---|---|---|---|
| 7개 과정 | 530 | 21 | | | |
| 기술인력 양성반 | 100 | 3 | 농업인농업인 (귀농·귀촌인 포함) | 1기 : 3.6~3.17 2기 : 6.19~6.30 3기 : 10.23~11.3 | 10일 |
| 농업기계 여성반 | 40 | 2 | " | 1기 : 4.20 2기 : 7.20 | 1일 |
| 소형 농기계반 | 60 | 3 | " | 1기 : 3.30~3.31 2기 : 6.1~6.2 3기 : 8.31~9.1 | 2일 |
| 중·대형 농기계반 | 40 | 2 | " | 1기 : 4.13~4.14 2기 : 7.12~7.13 | 2일 |
| 찾아가는 농업기계 여성반 | 60 | 2 | " | 1기 : 3.23 2기 : 10.11 | 1일 |
| 찾아가는 농업기계 소형반 | 90 | 3 | " | 1기 : 1.13 2기 : 4.5 3기 : 6.13 | 1일 |
| 찾아가는 농업기계 중·대형반 | 60 | 2 | " | 1기 : 7.4 2기 : 9.6 | 1일 |
| 방제반 (드론, SS기) | 40 | 2 | " | 1기 : 7.7 2기 : 9.14 | 1일 |

※ 자세한 교육문의 및 신청은 농업 교육팀(031-229-5858)

기타교육

이 밖에도 새해 영농설계교육, 농산물 가공교육, 품목별 연구회 현지 연찬교육 등 다양한 교육은 귀농 정착에 많은 도움이 되니 기회가 되면 해당 지역의 농촌진흥기관에 문의하여 이수하기를 권한다.

귀농·귀촌 관련 지원정책으로는

① 개인 희망자에게 지원하는 귀농 창업 및 주택구입자금융자 사업과 안정 정
   착을 도와주는 귀농닥터사업이 있으며

② 농촌 귀농·귀촌 활성화 차원에서 지방자치단체에 지원하는 도시민 농촌유
   치 지원 사업, 귀농인의 집 운영사업이 있다. 그리고

③ 중앙정부에서 농어촌 지역 복지정책으로 보건복지 분야, 교육 분야, 정주·
   생활기반 분야, 경제활동·일자리 분야, 문화여가 분야, 환경경관 분야, 안
   전 분야별로 각 부처에서 시행하는 사업도 있으며

④ 각 지방자치단체에서 인구 늘리기 사업 차원에서 지자체별 자체사업과 지역
   별 사회복지정책 정보도 소개하고 있다(귀농·귀촌종합센터 지원 정책에 정리).

제4장

# 정책지원

# 귀농 창업 및 주택구입 자금지원사업

농림축산식품사업 시행 지침에 있는 정보를 발췌하였다

▫ 사업명 : 귀농창업 및 주택구입 자금지원사업

※ 귀농·귀촌종합센터1899-9097, www.returnfarm.com를 통해서도 안내 받을 수 있다.

## 1) 목적

귀농을 희망하는 도시민이 안정적으로 농촌에 정착할 수 있도록 농업 창업 및 주거 공간마련을 지원함으로써 신규 농업 인력으로 육성하고, 농업·농촌 및 식품산업의 활력을 증진

## 2) 근거 법령

① 귀농·귀촌 활성화 및 지원에 관한 법률 제15조<sup>창업 및 주택 구입 등 지원</sup>

② 농어업·농어촌 및 식품산업 기본법 제29조의 2<sup>귀농 어업인의 육성</sup>

## 3) 연도별 재정투입 계획

(단위 : 억 원)

| 구분 | 2015년 | 2016년 | 2017년 | 2018년 이후 |
|------|--------|--------|--------|-------------|
| 합 계 | 1,000 | 1,500 | 2,500 | 2,500 |
| 융 자 | 1,000 | 1,500 | 2,500 | 2,500 |

## 2017년 사업시행 주요 내용

### 1) 사업 대상자

① 농촌 외의 지역에서 농업 외의 산업 분야에 종사한<sup>하는</sup> 자가 농업을 전업으로 하거나, 농업에 종사하면서 이와 관련된 농식품 가공·제조·유통업 및 농촌 비즈니스를 겸업하기 위해 농촌으로 이주하여 농업에 종사하는 자<sup>예정인 포함</sup>.

단 〈귀농농업 창업 계획서〉 제출일을 기준으로 만 65세 이하인 자

※ 주택 구입 및 신축 자금은 연령기준을 적용하지 않음.
※ '농촌', '농업'의 범위는 「농업 · 농촌 및 식품산업기본법」 제3조정의 준용
※ 제주특별자치도는 「제주특별자치도 설치 및 국제자유도시조성을 위한 특별법」 제203조의 규정에 의거 농촌지역으로 지정한 동지역을 포함함.

② 상기 사업 대상자 요건을 충족하면서 시장·군수의 심사를 거쳐 창업대상자로 선정된 자

### 2) 지원 자격 및 요건

사업 대상자는 지원 자격, 이주 기한, 거주 기간, 교육이수 실적을 모두 충족해야 함.

① 이주 기한 : 농촌지역 전입일로부터 만 5년이 경과하지 않은 날로부터 사업 신청일 전에 세대주<sup>단독세대 가능</sup>가 가족과 함께 농촌으로 이주하여 실제 거주하면서 농업에 종사하고 있거나 하고자 하는 자

● 예외로 귀농인으로 인정하는 경우

▷ 농업인 : 농촌 외의 지역에서 귀농 준비를 위한 농지원부, 농가경영체 등록기간이 2년 이하인 자

▷ 이주기한 : 농촌 지역으로 2년 내에 이주할 계획인 개인사업자 또는 퇴직예정자<sup>이하 "예비귀농인"이라 한다</sup>도 지원 대상에 포함. 다만 사업 대상자로 선정된 후 퇴직 전 또는 사업자등록 이전·말소 전이라도 주소지 이전 확인 후에 대출 가능(이 경우 예비귀농인은 추후 시·군에 퇴직증명 또는 사업자등록 이전·말소 사실을 통보하여야 함.)

● 예비 귀농인 업무처리 절차

▷ 창업계획서 제출(신청자→ 지자체) ▷ 창업계획 심사(지자체) ▷ 주소이전(귀농인) ▷ 확인서(계획) 발급(지자체→ 신청인) ▷ 농협은행에 확인서 제출(귀농인→농협) → 신용조회 및 융자(농협은행→귀농인, 사용처 ) ▷ 창업자금 실행 통보(농협, 귀농인→지자체) ▷ 퇴직 또는 사업자등록증 이전말소 실행(2년 이내, 귀농인) ▷ 퇴직 또는 사업자등록 이전·말소 조치 발생 시 결과 통보(1개월 내 귀농인→지자체)

② 거주 기간 : 농촌 지역 전입일을 기준으로 1년 이상 농촌 외의 지역에서 거주한 자

– 가족관계등록부상 동일 가족 내에서 독립세대를 구성해 농촌으로 이주한 경우, 이주 세대주가 농촌 외의 지역에서 1년 이상 거주한 자

– 다만 농촌 지역으로 이주한 후 5년의 범위 내에서 다른 농촌 지역으

로 이주한 경우는 이주 전 지역의 거주 기간을 제한하지 않음.

※직업군인, 북한이탈주민, 조선업 고용조정자(2015.1.1.일 이후 퇴직자(예정자))는 근무지(거주지)가 농촌지역인 경우라도 거주 기간을 제한하지 않음(제대 군인은 5년까지 인정).

③ 교육이수 실적 : 농림축산식품부, 농촌진흥청, 산림청 및 지자체가 주관 또는 위탁하는 귀농·영농 교육을 100시간 이상 이수한 자

- 상기 기관 또는 위탁기관에서 실시하는 귀농교육 및 일반농업 교육으로 귀농귀촌종합센터 홈페이지www.returnfarm.com에 등록된 교육과정에 한정함.

- 교육 수료증 인증기한은 '귀농 농업 창업 및 주택구입 자금' 신청일 기준 5년 이내만 가능함.

※ 교육관리 시스템 개편완료(15.12월 예정) 후 기관별 교육과정 등록예정
※ 귀농·귀촌종합센터에서 실시하는 소규모 강의는 교육실적으로 인정함.

- 지자체 교육 : 지자체 교육(청강 포함), 창조경제혁신센터 귀농교육, 지자체 지정 멘토·멘티 활동, 지자체 귀농투어 참여 등

※ 확인서 : 지자체(또는 교육기관)가 발급하는 확인서 또는 수료증

- 사이버교육, 농촌재능나눔, 농촌봉사활동, 농산업 도농협력 일자리 사업 참여시간의 50%를 최대 40시간까지 교육시간으로 인정

※ (예시) 사이버교육 60시간 참여한 경우, 총 30시간을 교육이수 시간으로 인정
※ 농촌재능나눔 : 한국농어촌공사(스마일재능뱅크), 1365, 사회복지자원봉사(vms) 발급서
※ 농촌봉사활동 : 읍·면·동사무소 등 행정기관이 발급한 봉사활동 확인서로 인정
※ 농산업 도농협력 일자리 : 시·군·구, 또는 시·군·구가 위탁한 농산업인력지원센터, 또는 농협중앙회에서 발급한 일자리 참여 확인서로 인정

- 귀농자 중 농업인 인정 규모로 실제 영농 종사 기간이 6개월 이상인 영농 경험자(증빙 : 농지원부나 농업경영체로 등록되어 있고, 실제

영농을 통해 농산물을 수확·판매한 실적과 비료, 가축, 종자, 농자재 등의 구입에 따른 증빙 자료를 제출한 자), 농과계 학교 졸업자, 후계 농업인, 농산업 인턴 이수자100시간 이상는 귀농 교육을 이수한 것으로 인정

※ 영농 종사 기간 6개월 이상 적용 시기 : 2017년 7월 1일 이후 적용
※ 과수·축산 등 단기간 판매실적이 나올 수 없는 경우 묘목·가축·농자재 구입 자료만 제출 가능


### 3) 지원 제외 대상

① 「농림축산식품분야 재정사업관리 기본규정」에 따라 부당사용 및 중도회수 사유로 확인된 자

※ 제61조 제2항 '부당사용사유' : 목적 외 사용, 용도외 사용, 허위자료 제출, 행정기관의 신청제외 통보 등
※ 제61조 제3항'중도회수 사유' : 부도, 폐·휴업, 사업 포기, 채무자의 사망, 사업 지연에 따른 지원 목적 달성 불가능 등

② 농업 외 타 산업 분야에 전업적 직업을 가진 자

※ 예비 귀농인이 사업대상자 선정 이후 자금을 지원 받았으나, 일정기간 내에 퇴직이나 사업자등록 이전·말소를 하지 않거나 사업을 실행하지 않은 자

③ 병역미필자, 고등학교 등에 재학 중인 자

④ 금융기관에 연체 중인 자 또는 파산 등으로 법적인 면책을 받아 회생 중인 자

⑤ 전국은행연합회의 「신용정보관리규약」에 따라 연체, 대위변제·대지급·부도 관련인, 금융질서문란 등의 정보가 등록되어 있는 자


### 4) 지원 대상

① 「농업 창업」영농기반, 농식품 제조·가공시설 신축수리 또는 구입하

려는 자

② 「주택 구입·신축·증·개축」 주택 구입, 신축<sub>대지 구입 포함</sub>, 구입한 노후 농가주택을 증·개축하려는 자

## 5) 지원자금의 사용용도

① 농업 창업 – 영농기반, 농식품 제조·가공시설 신축, 구입수리 등

※ 경종 분야(수도작, 채소, 화훼, 과수, 특작, 복합영농 등) 창업자금

– 농지·임야 구입, 고정식 온실, 하우스 시설, 양액재배 시설, 버섯재 배사, 저장 시설 설치 및 구입, 과원조성, 묘목 및 종근화훼묘 포함구입, 농기계 구입소형 농기계 100%, 대형 농기계 구입가의 50% 미만(트랙터 90마력, 승용 이앙기 8 조식, 콤바인 6조식 이상 지원, 관수시설 설치, 농식품 가공시설 설치 및 가 공 기계 구입, 컴퓨터 구입, 농업용 화물자동차, 기타 농림업 기반시 설의 설치 등

※'농업용화물자동차'는 「농업용 면세유류 공급요령」에 따른 '면세유류 공급 대상자(개인)'가 동 요 령에 따른 '농업용화물자동차'를 구입하고자 할 경우에 한함(축산, 농촌비즈니스 분야도 동일함).

③ 축산분야한·육우, 낙농, 양돈, 양계, 기타 축산 등 창업자금

– 축사부지 구입자금사업주관 기관이 사업계획서에 의거 정상적으로 축사 신축이 가능하다고 확인한 경우에 한함, 축사 신(증)축·구입 및 시설개보수, 가축입식한·육우 입 식자금은 지원 제외, 농기계 구입소형농기계 100%, 대형농기계 구입가의 50% 미만 : 트랙터 90 마력, 승용 이앙기 8조식, 콤바인 6조식 이상 지원, 농업용화물자동차, 폐수처리시 설의 설치, 초지 및 사료포 조성, 사료저장 시설, 컴퓨터 구입, 기타 축산 기반시설의 설치 등

④ 농촌 비즈니스 분야<sub>농어촌 관광휴양사업*, 농가레스토랑*</sub> 등 창업자금

- 농지, 농어촌 관광휴양시설, 농가레스토랑, 유통시설, 농업용화물자동

차, 컴퓨터, 기타 농촌 비즈니스 관련 사업 시설 신축 및 구입, 개보수 등

※ '농어촌 관광휴양사업(농어촌정비법 제2조 제16항)'은 농어촌 관광휴양단지사업, 관광농원사
업, 주말농원사업, 농어촌민박사업을 말함.
※ '농가레스토랑'은 향토음식 전승 및 확산과 농외소득 향상을 위하여 농어촌지역에 소재하면서,
자가 생산 및 지역 생산 농산물을 식재료로 사용하는 향토음식점 및 전통찻집을 말함.


⑤ 주택 구입·신축, 증·개축 – 주택 구입·신축 및 구입한 노후 농가

주택의 증·개축


○ 읍·면 지역의 경우 상업지역 및 공업지역을 제외한 지역

- 지원제한 : 농어촌민박사업과 주택 구입·신축 및 증·개축사업의 이

중 지원 불가

- 대상 주택 : 단독주택의 연면적(단일 건물 층별 바닥 면적 합계)

150㎡ 이하

※ 창고 또는 차고 등이 포함된 단독주택도 지원 가능하나, 연면적 150㎡를 초과할 수 없으며, 주택면
적보다 창고 또는 차고 등 부속시설의 면적이 클 경우는 지원 대상에서 제외
※ 증축의 경우 기존 면적과 증축 면적의 합이 연면적 150㎡ 이하의 경우에 한함.
※ 건축법시행령 제3조의 5에 해당하는 다가구주택, 연립주택, 다세대주택, 공동주택 등 모두 포
함(단, 세대별로 독립적인 주거공간을 확보하고, 세대별 소유권 등기가 가능한 경우에 한함).


6) 융자 시 유의사항

① 배우자, 본인 또는 배우자의 직계존비속 및 형제자매의 소유의 농

지, 하우스, 축사 등 시설물의 구입은 지원불가. 다만 형제자매인

경우 세대가 분리되어 있고 동거하지 아니하는 경우에 한하여 시

장, 군수, 구청장이 정상적인 매매로 승인한 경우에는 지원 가능

② 한(육)우 입식 자금은 지원 제외

- 납유쿼터와 납유처를 추가로 확보한 경우 유우 자금은 지원 가능

③ 축사, 고정식 온실, 하우스 등 기존의 영농 시설물(중고농기계 포함)에 대한 구입비는 지원 가능

④ 경매 또는 공매에 의한 농지, 축사 등 구매자금 지원 가능

⑤ 농촌 비즈니스 분야는 농신보 보증지원의 지원대상이 아님


● 농림수산업자 신용보증기금(농신보) 보증지원

① 지원 대상자는 농림수산업자신용보증법 제2조, 동법 시행령 제2조 및 신용보증규정 제4조에서 정한 농림수산업자로서, 농신보의 보증 심사를 통해 보증 실시

② 지원 대상자로 선정된 자는 농신보에서 대출금의 최대 90%까지 보증 지원하고, 잔여 10%는 해당 금융기관 책임하에 신용대출 등 실시(부분 보증제도 운영)

　※ 지원 대상자의 신용도에 따라 농신보 대출금의 보증 지원 비율이 적을 수 있음.


7) 지원형태 및 사업범위

① 재원 : 금융자금 100%

② 대출금리

- 농업 창업자금 및 주택 구입, 신축·증·개축 자금: 2%신규 및 기존 대출자

※ 창업자금 및 주택구입, 신축·증·개축 대출금리 인하는 기존 대출자도 동일하게 적용

③ 대출 기한 : 융자추천 당해 연도 12월 31일

④ 상환 기간 : 5년 거치 10년 원금균등 분할상환


8) 대출한도액 기준 및 범위

① 대출한도

- 농업 창업자금 : 세대당 300만 원 한도 이내

- 주택 구입·신축 및 증·개축 자금 : 세대당 7천5백만 원 한도 이내

※ 대출금액은 대출한도 이내에서 대상자의 사업실적과 대출취급기관의 대상자에 대한 신용도 및 담보평가 등 대출심사 결과에 의해 결정됨.

② 융자 추천 : 사업 대상자의 이주기한(만 5년) 내에 시장·군수는 융자 시행을 기준으로 창업자금 2회, 주택 구입·신축 자금 1회 추천 가능

- 정부, 지자체 및 정부산하기관으로부터 정책자금을 지원받은 금액 은 대출한도에서 차감

※ (예시) 지원신청 가능액(창업의 경우) = 3억 원(지원 한도액)－기 대출받은 정책자금
※ 농촌비지니스 분야는 농신보의 보증지원 대상이 아님에 유의
※ 대상자는 본인 명의로 사업을 수행하며, 구입 및 신축에 따른 소유권도 본인 명의로 등기하여야 함.

③ 융자 방식

- 농지, 축산, 주택, 가공 공장 등 소유권 등록(명의 이전) 또는 시설 설치 이전에도 사전대출이 가능함.

- 사전대출의 대출한도는 당해 사업비의 최대 50% 이내에서 필요한 소요 금액

※ 대상자는 사전대출에 필요한 소요금액 관련 증빙자료(공인계약서, 세금계산서, 청구서 등)를 사업주관기관에 제출, 사업주관기관은 증빙자료 사본을 첨부하여 사업추진계획 확인서(별지 제4호 서식) 발급

- 시설설치, 주택 신축, 농식품 가공·제조 사업 등 사업 진척에 따른 사후 대출(기성고대출 포함)의 대출한도는 당해 사업에 소요된 금액 이내

※ 대상자는 사업완료 및 소요 금액 증빙서류(등기부등본, 건축물대장, 계약서, 세금계산서, 청구서 등)를 사업주관기관에 제출, 사업주관기관은 증빙서류 사본을 첨부하여 사업추진실적 확인서 발급

※ 대출 취급기관은 토지 또는 시설 구입비의 잔금 대출(완공 후 일시대출 포함)을 취급하는 경우 대상자가 사업추진계획 확인서와 공인매매계약서(부동산거래신고필증 포함)를 제출하고, 소유권 이전과 당해 토지 또는 시설물 등의 담보권 설정의 동시 이행으로 사업이 완료되는 경우에는 사업추진실적 확인서의 징구를 생략하고 잔금 대출 실행 가능

▫ 표준프로세스(SP)에 따른 담당기관 역할

● 사업추진 체계

▷ 시행지침 시달(농식품부→ 도·시·군, 농협) ▷ 농업창업 및 금융 상담(귀농인→ 시·군, 농협) ▷사업 신청서 제출(귀농인→시·군) ▷창업 심사 및 확인서 발급(시·군→귀농인) ▷신용·담보 조회 및 대출(농협 →귀농인) ▷사업 추진(사업 대상자) ▷사후 관리(시·군, 농협)

1) 사업 신청 단계

① 신청자

- 신청 시기 : 사업 신청은 연중 가능<sup>단 사업 예산 소진 시 지원 불가</sup>

- 접수처 : 귀농지역 주소지 관할 시·군<sup>또는 농업기술센터</sup>

※신청인은 사업 신청 전에 농협에 신용상태를 조회하여 적정 대출규모 본인 확인 필요

② 준비 서류

-제출서류 : 귀농 농업창업 및 주택구입 지원 사업 신청서 1부<sup>별지 제1호 서식</sup>, 귀농 농업창업계획서<sup>별지 제2호 서식</sup> 1부

* 본인을 증명할 수 있는 신분증 지참. 평가 시 가점 반영에 필요한 학력증명서, 국가기술자격 증사본 등은 해당자 제출

- 확인서류 : 주민등록등본 1부, 가족관계등록부 1부, 국민건강보험 카드 1부

③ 사후 절차

– 신규 사업대상자는 창업자금 수령 이후 1년 이내에 농업경영체 등록을 마치고, 해당 지자체에 그 결과를 통보하여 한다.

※ 각 지자체에서는 2017.1.1일 기준, 기 창업 대상자에 대한 농업경영체 등록 여부에 대한 조사를 실시하고, 미등록자는 등록하도록 통보 조치

● 귀농인 업무처리 절차

▷창업 계획서 제출(신청자 → 지자체) ▷ 창업계획 심사 및 확인서 발급(시군→ 신청인) ▷ 확인서 농협은행 제출(귀농인→농협) → 신용조회 및 융자(농협은행→귀농인, 사용처) ▷ 창업자금 실행 통보(농협, 귀농인→지자체) ▷ 농업경영체 등록(1년 이내, 귀농인→국립농산물품질관리원) ▷ 농업경영체 등록 결과 통보(1개월, 귀농인→지자체)

④ 도·시군

– 도·시군 등에서는 사업지침이 통지되면 귀농 농업 창업 및 주택구입 사업에 대해 안내게시판, 홈페이지 등

– 시·군의 자금지원계획, 신청자격, 지원조건, 지원내용, 제출기관, 신청방법 등과 기타 신청인이 알아야 할 사항 등

2) 사업자 선정 단계

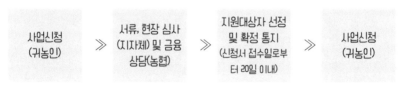

① 현장 확인

- 시장, 군수는 사업 신청인이 해당 지역에 이주하여 거주 및 농업에 종사하고 있는지 여부를 신청자의 제출 서류와 현지 실사를 통해 확인
- 시장, 군수는 주택 구입을 신청한 경우 현지 방문을 통해 확인
- 시·군에서는 사업 신청자에게 기존의 농림축산식품부 정책자금을 지원받은 사실이 있는지 확인하고, 상환 여부와 신용조사를 대출취급기관에 의뢰

② 시장, 군수는 사업신청자 중 별표 1의 심사기준에 의하여 심사하여 심사 점수가 60점 이상인 자를 지원대상자로 선정
- 사업 대상자가 귀농인 확인서 발급 요청이 있는 경우, 시장, 군수는 사용 용도와 귀농일을 명시하여 귀농인 확인서를 발급해 주어야 함.

③ 시장, 군수는 사업계획서 심사 결과 지원 대상에서 제외되는 사유를 신청인에게 설명하고 선정에 필요한 사항을 보완 요청

④ 시장, 군수는 사업 대상자로 선정되면 사업 대상자 명단과 사업 분야, 대출 신청 금액, 사업기간 등이 포함된 「귀농인 융자지원 계획」을 금융기관에 통지하여야 함.

※ 급여 수준이 낮고 노인요양원, 학교 급식실, 방과 후 학습교사 등 사회서비스 직종에서 종사하는 경우에는 시장, 군수가 판단하여 선발 가능(사업추진실적 확인서에 기재하여 발급)

⑤ 대출취급기관은 시장, 군수로부터 농업정책자금 대출 여부 및 신용 조사 등을 의뢰받은 때에는 확인결과를 시·군 농업기술센터에

신속히 통보

⑥ 대출취급기관은 신청인이 사전 대출상담을 요청한 때에는 대출에 필요한 서류 등 준비사항을 성실하게 상담

– 대출취급기관은 업무담당자에 대해 사전 교육을 실시하여 상담 및 대출 과정에서 민원이 발생하지 않도록 조치


## 3) 세부계획 수립 및 시행 단계

① 귀농 농업 창업자금 지원

– 시·도는 농림축산식품부의 사업지침을 토대로 자체 사업계획을 수립하여 시·군에 통지하여야 함.

– 사업 추진방향, 사업추진 절차, 담당자 교육 및 귀농인 홍보계획 등

– 대출취급기관은 귀농인이 대출신청 전 알아야 할 서류, 절차, 준비 사항 등의 안내서를 작성하여 지역조합과 지자체에 통보

– 자금배정을 받은 대출기관의 장은 사업자금을 시·도 및 시·군 계통 조직에 대출 가능한 자금액을 고지하되 실제 대출이 필요한 시점에 서 대출기관에서 귀농인에게 대출이 가능하도록 조치


② 주택 구입·신축 및 증·개축 자금 지원

– 사업 대상자로 선정된 자는 주택법, 건축법 등 관련 법령이 규정한 절차에 의하여 건축 추진 농어촌 주택 표준설계도서 활용 가능

– 건축 공사를 완료한 후 허가권자 시장, 군수로부터 사용승인서를 교부 받아 지정 농협에 대출 신청하되, 준공 전이라도 사업 대상자와 농

협이 협의하여 전체 대출금의 일부 대출 가능

- 시장, 군수 또는 농업기술센터 소장은 정기적으로 주택건축 추진상황을 점검하고, 공사가 완료되면 준공을 증명하는 확인서<sup>사용승인서</sup>를 발급

- 대출취급기관은 시장, 군수 또는 농업기술센터 소장으로부터 대상자를 통지받은 후 사업 대상자에게 대출 조건, 신용평가 및 담보설정, 대출 서류, 대출 마감일 등을 안내

## 4) 자금 배정 단계

| 농·식품부 | *시·도 및 대출취급기관에 예산 및 지침 통보 |
|---|---|
| 시·도, 시·군 | *시·도는 시군에 사업지침 및 예산 통보<br>*시·군은 사업 대상자에게 창업서류 및 대출 한도액 안내<br>*창업계획서 심사 통과된 사업 대상자에게 사업추진실적(계획)확인서 발급<br>*대출이 실행된 사업 대상자에 대한 사후관리 실시 |
| 대출취급기관 | *시·군에서 발행한 사업추진실적(계획)확인서 확인 후 대출 시행<br>*사전 대출을 하는 경우는 귀농 농업창업 및 주택구입 지원 사업 신청서, 귀농 농업창업계획서 등에 의해 대출하고, 사업완료 후 사업추진기관이 발급한 사업추진 확인서를 별도 징구(소유권 이전과 담보설정이 동시에 이루어지는 경우 생략 가능)<br>*대출기관은 시·군에 대출 결과를 즉시 통보(유선 또는 문서) |
| 사업대상자 | *사업 완료 후 시·군 또는 농업기술센터에서 사업추진실적(계획) 확인서를 발급받아 대출취급기관에 제출하여 사업자금 대출 |

※ 주택건축, 축사신축 등 1개월 이상 소요되는 사업의 경우 사업실적에 따른 관련 증빙서류(영수증 또는 세금 계산서 등)를 사업주관기관에 제출하고 사업 추진실적 확인서를 발급받아 대출
※ 사업추진실적 확인서는 발행일로부터 2개월간 유효하며, 대출 실행이 2개월 내에 이뤄지지 않은 경우 사업추진실적(계획) 확인서를 재발급 받아 해당 금융기관에 제출
※ 지원대상자로 선정된 자가 사업계획을 변경하고자 할 때에는 사업계획변경신청(신고)서를 시장, 군수 또는 농업기술센터 소장 등에게 제출하여 승인을 얻어야 함.

## 5) 이행 점검 단계

### ① 사후관리

- 시장, 군수는 귀농 자금을 지원받은 자에 대하여 융자금 지원연도부터 융자금 상환일까지 사후관리 실시
- 시장, 군수는 대상자 관리대장과 관리카드를 작성 비치하고, 연 1회 이상 읍·면사무소를 통한 실태조사 실시
- 시장, 군수는 융자금이 사업계획 외의 타 용도에 전·유용되거나, 사업장 이탈 등이 없도록 사후관리 실시
- 시장, 군수는 융자금 회수가 필요하다고 판단될 경우 대출취급기관에 융자금을 회수할 것을 통보

※ 대출금의 회수 및 이차 보전금의 신청 제외 대상은 '농림축산식품분야 재정사업관리 기본규정' 준용

- 귀농인이 사업자금 융자 후 사망 또는 중대한 신병 이상이 발생하여 영농에 종사할 수 없는 경우, 귀농인 자격을 배우자, 직계존비속 또는 형제·자매가 승계할 수 있다. 이 경우 시장, 군수는 승계 희망자의 신청에 따라 승계 사유를 검토하여 승계여부를 결정한다. 승계 시에는 아래의 내용을 따르며, 승계가 이루어진 경우 대출취급기관 등에 통보해야 함.
- 승계 후 사업을 지속하기 어렵다고 판단되거나, 사업 목적에 위반될 우려가 있는 경우 융자금을 회수한다.
- 시장, 군수는 승계자에게 귀농인 농업창업 및 주택지원자금 시행지침에 대한 교육을 실시한다.

- 융자금은 승계자 명의로 서류를 갱신하여야 하며 융자금 및 융자
  조건은 사망한 자 등의 잔여액과 조건 등을 승계<sub></sub>대출취급기관의 여신 관련규
  정에 적합한 경우에 한함

② 사업 장소의 이전

- 귀농인이 사업 장소를 이전하여 영농에 종사하고자 할 경우에는 시
  장, 군수의 사전 승인을 받아 사업 장소를 이전할 수 있으며, 이전
  후의 사후관리는 주소지 관할 시장, 군수가 담당

※ 구입한 농지·시설을 승인 없이 매매할 경우 부당 사용에 의한 회수 사유에 해당

- 시장, 군수는 사업 장소 이전 사전 승인여부를 결정하고 승인하였
  을 때에는 관련기관<sub></sub>이전후시·군에 관련자료 등 통보
- 사업자는 폐업·이전 등 농지 매매 후 시장, 군수에게 즉시 통보

③ 제재·처벌 대상자 및 처벌 기준

- 시장, 군수는 사업 대상자에게 다음 사항의 사업 취소 또는 융자금
  회수 사유가 발생하였을 때는 현장 확인 실시
- 융자금 상환기일 이전에 사업장을 이탈하거나 지원 목적 외 용도로
  사용한 자
- 도시 이주 등으로 실제 농·어업에 종사하지 않는 자
- 예비귀농자 중에서 귀농 농업창업 및 주택구입 자금을 지원받았으나,
  일정 기간 내에 퇴직·이전·말소 통보를 하지 않거나, 사업을 실행하
  지 않은 자

‒ 농업 관련분야*와 무관한 사업체를 경영하고 있는 자
  ※ 농업 관련분야 : 농산물 가공·유통 분야, 농약 판매업, 종자 판매, 농기계 수리 등

‒ 귀농 창업 및 주택 자금으로 구입한 농지·주택 등은 신청 당시 목적
  과 다르게 활용할 경우 융자금 회수 사유에 해당
  ※ 사전 시·군의 승인을 거친 경우 목적 변경이 발생된 부분만 회수

‒ 사업 취소나 융자금 회수 사유 발생 시 '농림축산식품분야 재정사업
  관리 기본규정 제63조'에 따라 지원의 제한 기준을 적용하고, 부당
  사용 기준 금액은 사업비 전체로 함.
‒ 사업의 일부를 목적 외 용도로 사용하여 융자금 회수 사유가 발생
  했을 시 사업대상 전부를 취소·회수함.
‒ 구입한 농지나 시설, 주택 등을 타인에게 임대한 경우 부당 사용에
  의한 회수사유에 해당됨.
‒ 시장, 군수는 현장을 확인한 결과 사업 취소 사유에 해당된다고 인
  정될 때는 지원 자금 상환 통지와 동시에 대출취급기관에 지원 자
  금 회수 통지

# 귀농 농업창업 및 주택구입 지원 사업 신청서

※ 귀농인의 융자 한도액은 "금융기관의 개인에 대한 신용과 담보평가"를 통해 결정됨
※ 당해 연도 '귀농 농업창업 및 주택 구입 자금'이 소진된 경우는 자금 집행이 중단됨(단, 신청은 가능하나, 자금 집행은 다음 연도 실시)

<table>
<tr><td rowspan="5">신청자</td><td colspan="2">성명</td><td>(한자)</td><td colspan="3">생년월일<br>(성별)</td><td></td></tr>
<tr><td rowspan="2">주소</td><td>귀농 전</td><td></td><td colspan="3" rowspan="2">전화번호 및 전자메일</td><td></td></tr>
<tr><td>귀농 후</td><td></td><td></td></tr>
<tr><td colspan="2">학력</td><td>귀농전<br>직업</td><td colspan="4">(근무처: )</td></tr>
<tr><td colspan="2">영농경력</td><td>교육<br>실적</td><td colspan="4">분야( 월, 주)<br>*교육실적이 많은 경우 별지 작성</td></tr>
<tr><td>가족상황</td><td colspan="3">부모; 명, 배우자; 세, 자녀;</td><td colspan="4">영농분야(작목)</td></tr>
<tr><td>주거상태</td><td colspan="3">자가, 전세, 월세, 기타(무상임대 등)</td><td colspan="4"></td></tr>
<tr><td>현재 영농규모</td><td colspan="7">- 농지규모: ㎡, 사육두(마리)수 :<br>- 저장시설 : 시설규모(하우스 등) : ㎡<br>- 농 기 계 :</td></tr>
</table>

<table>
<tr><td rowspan="7">사업신청내용</td><td rowspan="3">사업별<br>규모(량)</td><td>농업창업자금</td><td></td><td></td><td></td><td></td><td></td><td></td></tr>
<tr><td>주택구입비</td><td colspan="6">*등기부등본, 사진 등 제출</td></tr>
<tr><td>농촌비즈니스</td><td></td><td></td><td></td><td></td><td></td><td></td></tr>
<tr><td rowspan="4">사업비<br>(천원)</td><td rowspan="2">사업별</td><td rowspan="2">합계</td><td colspan="3">정부지원(재원명 기재)</td><td rowspan="2">지방비</td><td rowspan="2">자부담</td></tr>
<tr><td>계</td><td>보조</td><td>융자</td></tr>
<tr><td>농업창업</td><td></td><td></td><td></td><td></td><td></td><td></td></tr>
<tr><td>주택구입·신축</td><td></td><td></td><td></td><td></td><td></td><td></td></tr>
</table>

농림축산분야 재정사업관리 기본 규정 제26조 제1항의 규정에 의하여 신청하며 신청사업과 관련하여 사업 대상자 선정 기관이 본인의 아래의 개인정보를 처리하는 것에 동의합니다.
※사업신청과 관련된 개인정보의 수집·이용에 동의합니다.
※사업신청과 관련된 개인정보의 제공에 동의합니다.

년 월 일

신청자 (서명 또는 인)

○ ○ ○(시장·군수) 귀하

* 첨부서류 1. 귀농 농업창업계획서 1부

       2. 기타 증빙자료

* 담당공무원 확인사항 1. 주민등록표등본

           2. 가족관계등록부(배우자 포함)

           3. 국민건강보험카드

# 귀농 농업창업 및 주택구입 지원 사업 신청자 심사기준

| 평가항목 | | 등 급<br>A B C D | | | | 등 급 기 준 | 평점 |
|---|---|---|---|---|---|---|---|
| 1. 귀농<br>인원 수<br>(20점) | 농촌이주<br>가족 수<br>(본인 포함) | 20 | 17 | 13 | 11 | A : 이주 가족인원이 4명 이상인 경우<br>B : 이주 가족인원이 3명 이상인 경우<br>C : 이주 가족인원이 2명 이상인 경우<br>D : 이주 가족인원이 1명 이상인 경우<br>* 가족관계등록부상의 구성원 수를 기준으로 평가 | |
| 2.교육이수<br>실적<br>(30점) | 농 업 , 귀<br>농 · 귀 촌<br>관 련 교 육<br>이수 실적 | 30 | 26 | 23 | 20 | A : 250시간 이상인 경우<br>B : 200시간 이상인 경우<br>C : 150시간 이상인 경우<br>D : 100시간 이상<br>* 교육이수 실적은 농림수산식품부, 농촌진흥<br>청, 특별광역시·도, 시·군구 등이 주관 또는<br>지정 교육기관에서의 이수실적만 인정<br>* 기간이 2일 이상 유효(예외: 귀농센터, 지자<br>체교육)<br>* 사이버 교육은 7시간을 1일로 환산<br>* 사이버교육, 농촌재능나눔, 농촌봉사활동, 농<br>산업 도농협력 일자리사업 참여시간의 50%<br>를 최대 40시간까지 인정<br>* 지자체 교육시간은 150% 인정<br>* 교육과목이 개설되지 않은 특별작목(예: 선<br>인장 등) 재배농가에서의 실습실적(재배농가<br>주소지 관할 농업기술센터 소장이 인정한 경<br>우에 한함.)도 교육훈련실적으로 인정 가능<br>* 농과계 졸업자, 영농종사일수 3월 이상, 농업<br>인턴 3월 이상 이수자는 'D등급' 부여 | |
| 3. 전입 후<br>농촌거주<br>(20점) | 거주기간 | 20 | 17 | 13 | 11 | A : 전입일 기준 1년 이상<br>B : 전입일 기준 6월 이상<br>C : 전입일 기준 3월 이상<br>D : 전입일 기준 3월 미만<br>* 주민등록등본의 전입일 기준으로 확인 | |
| 4. 영농정<br>착의욕<br>(10점) | 세대주의<br>영농정착<br>의욕 | 10 | 8 | 7 | 5 | A : 영농정착 의욕이 매우 높은 자<br>B : 영농정착 의욕이 높은 자<br>C : 영농정착 의욕이 보통인 자<br>D : 영농정착 의욕이 낮은 자<br>* 사업계획서, 증빙서, 상담실적 등의 자료를 토대로<br>사업실행성과 농촌정착 가능성 정도를 평가 | |
| 5. 영농규모<br>(10점) | 영농기반<br>확보 정도 | 10 | 8 | 7 | 5 | A : 농지면적 1.0ha 이상, 대가축 3두 이상<br>B : 농지면적 0.5~1.0ha 미만, 대가축 2두 이상<br>C : 농지면적 0.3~0.5ha 미만, 대가축 1두 이상<br>D : 농지면적 0.1~0.3ha 미만<br>* 사업신청서와 현지 방문을 통해 확인한 후 심사<br>* 농지면적은 임차면적 포함 | |

| 평 가 항 목 | | 등 급 A B C D | | | | 등 급 기 준 | 평점 |
|---|---|---|---|---|---|---|---|
| 6. 사업 계획의 적정성 (10점) | 재배지역, 재배기 술상의 적합성 및 타 농가 재배 작목과의 작목집 단화(조화) 가능성 | 5 | 4 | 3 | 2 | A : 매우 우수, B : 우수, C : 보통, D : 미흡<br>* 사업신청서와 사업계획서를 토대로 평가 | |
| | 투자·자금 조 달계획 및 생산·판매 계 획 | 5 | 4 | 3 | 2 | A : 매우 우수, B : 우수, C : 보통, D : 미흡<br>* 사업신청서와 사업계획서를 토대로 평가 | |
| 7. 가점 사항 | ※ 아래 항목 중 3개 이상은 5점, 2개 이상은 4점, 1개는 2점의 가점을 부여한다.<br>- 영농 사업계획과 관련 분야의 국가기술자격증을 소지한 경우 / 친환경농산 물인증을 받은 경우 / 정보통신분야의 자격증을 소지한 경우 / 농산물 관련 유통 및 무역 등에 1년 이상 종사한 경우 / 여성인 경우 / 농산업인턴제 / 대 학생창업연수과정 이수자 / 농대영농정착과정 이수자 / 귀농 창업관련 과정 이수자 / GAP 인증을 받은 경우 / 지자체 교육시간(8시간) 초과 이수자 | | | | | | |

〈 평가자의 종합의견 〉

| 지원가 | 지원불가 | ※ 지원가능<br>- 총점이 60점 이상인 자<br><br>※ 지원불가능<br>- 총점 60점 미만인 자<br>- 60점 이상 득점을 하였더라도, 지원하는 것이 바람직하지 않다고 심사자가 판단하는 경우(이 경우 심사자는 그 사유를 명기하여야 함) |
|---|---|---|

| 심사자 | 소 속 | 부 서 | 직 급 | 성 명 | 서 명 |
|---|---|---|---|---|---|
| 확인자 | 소 속 | 부 서 | 직 급 | 성 명 | 서 명 |

# 귀농닥터

추진 개요

---

《 추진 근거 》

귀농어·귀촌 활성화 및 지원에 관한 법률 제3조(국가 등의 책무),
제7조(귀농어업인·귀촌인 정착 지원)

---

**1) 추진 목적**

① 귀농선배, 품목 전문가 등 밀착형 컨설팅[1]을 통한 맞춤형 현장 지원

② 초기 귀농의 분야별 애로사항을 해결, 안정적인 농업·농촌 정착 지원

**2) 사업 개요**

① 운영방향

– 현장 밀착형 귀농닥터<sup>이하 '귀농멘토'라 함</sup> POOL를 활용한 귀농닥터 서비

스 지원자<sup>이하 '귀농멘티'라 함</sup>가 귀농 초기단계에 발생되는 현장 애로사항 및 문제를 해결할 수 있는 현장 맞춤형 자문 지원

② 운영횟수 : 500회 내외 목표(최대 귀농닥터 250명, 귀농멘티 250명)

③ 운영기간 : 2017년 4월부터 11월까지

④ 운영예산 : 금50,000천 원(국비 100%)

⑤ 운영내용

– 멘토 : 1인당 5명(최대 25회 이내) 지원, 회당 10만 원 자문수당 지급

– 멘티 : 1인당 5회 신청, 자부담비 없음

※ 〈1:다수 매칭〉 멘토 1 → 멘티A, 멘티B, 멘티C, 멘티D, 멘티E

※ 〈1:1 매칭〉 멘티A, 멘티A, 멘티A, 멘티A, 멘티A → 멘토 1
　　　　　　　 멘티B, 멘티B, 멘티B, 멘티B, 멘티B → 멘토 1
　　　　　　　 멘티C, 멘티C, 멘티C, 멘티C, 멘티C → 멘토 1
　　　　　　　 멘티D, 멘티D, 멘티D, 멘티D, 멘티D → 멘토 1
　　　　　　　 멘티E, 멘티E, 멘티E, 멘티E, 멘티E → 멘토 1


## 3) 신청자격

① 귀농닥터<sup>멘토</sup>

– 5년 차 이상 귀농선배 또는 분야별 현장전문 활동가 중 지자체에서 추천한 선도농업인

– 농식품부에 의해 최근 2년 이상 지정된 귀농·귀촌 민간교육기관 중 2년 이상 활동한 귀농전문가

– 농식품부 지정 농업마이스터, 신지식농업인, WPL현장 지도교수


② 귀농닥터<sup>멘티</sup>

– 도시민 중 농업으로 전업하거나 관련업을 겸업하기 위해 농촌지역

으로 이주했거나 희망하는 자

- 귀농·귀촌 준비 단계인 희망 도시민 또는 초기 정착에 애로사항을
  겪는 농촌 거주 1년 미만<sup>전입일 기준</sup> 자

### 4) 사업 추진 체계

| 구 분 | 기관별 | 역할 및 기능 |
| --- | --- | --- |
| 사업총괄 | 농림축산식품부 (농촌정책과) | 보조금 교부결정 및 자금 교부 |
| 사업추진 | 농정원<br>(귀농·귀촌종합센터) | - 현장 밀착형 귀농닥터 서비스 운영 및 관리<br>- 귀농닥터 멘토·멘티 선정 및 신청접수<br>- 귀농닥터 멘토·멘티와의 1:1 매칭<br>- 자문수당 지급 및 정산, 사후관리 |
| 사업신청 | 사업 대상자<br>(멘토,멘티) | - (멘토) 결과보고 제출<br>- (멘티) 사업 신청 및 만족도 조사 |

### 5) 사업 추진

(1) 1 단계 : 귀농닥터 멘토(Mentor) 수요조사

① 조사목적

- 분야별·품목별·지역별 귀농닥터 희망 멘토 DB 구축을 통해 원활한
  맞춤형 컨설팅 공급기반 마련

- 지역·품목별 다양한 귀농닥터풀 구축을 통해 사업 수혜자 만족도
  제고

② 조사대상

- 5년 차 이상 귀농선배 또는 분야별 현장전문 활동가 중 지자체에서
  추천받은 선도농업인으로 귀농닥터 멘토로 활동 가능한 자

| 추진절차 | 일정 | 주요내용 |
|---|---|---|
| 계획수립 | 3월 | 농식품부 → 농정원 |
| 사업공고 | 4월 | 현장 밀착형 귀농닥터 서비스 공고<br>- 홈페이지, SNS, 언론매체 활용 등 |
| 신청접수 | 5월 | 서비스 신청 접수(귀농·귀촌종합센터)<br>- 홈페이지, 메일, 팩스, 전화 등 |
| 지원대상자 선정 | 5~10월 | 귀농닥터 멘토 : 멘티 매칭 |
| 자문 실시 | 5~12월 | 결과보고서 제출(귀농닥터 멘토 → 농정원)<br>만족도 조사 제출(귀농닥터 멘티 → 농정원) |
| 자문수당 지급 | 6~12월 | 월별 집계 후 수당 지급(농정원→귀농닥터 멘토) |
| 사업실적 및 정산 | 12월 | 사업추진 실적 및 결과보고서 제출(농정원 → 농식품부) |

□ 세부 추진 계획

### 단계별 추진사항

| [1단계] | [2단계] | [3단계] | [4단계] |
|---|---|---|---|
| 귀농닥터[멘토]<br>수요조사 및<br>멘토풀 구축 | 귀농닥터<br>멘티 모집 | 귀농닥터<br>멘토 : 멘티 매칭 | 귀농닥터 운영 |

※ 귀농 멘티가 추천 또는 희망하는 선도농업인도 가능

- 농식품부 지정 최근 2년 이상 귀농·귀촌 민간교육기관의 귀농전문가

- 농업마이스터(147명), 신지식농업인(236), WPL현장지도교수(40)

※ 단, WPL 현장지도교수는 농업마이스터, 신지식인 중복 제외

- 조사기간 : '17. 3월 ~ 10월 중

- 모집규모 : 귀농닥터 최대 250명 내외

③ 조사내용

- 인적사항 : 성명, 지역, 주요품목, 농장명 등

- 경력사항 : 교육 및 컨설팅 실적 등 자기소개

④ 조사방법

- 귀농닥터 멘토 신청서 및 서약서 이메일 접수

- 접수처 : edu@epis.or.kr/02) 2058-1667~8

※ 이메일 제목 : 귀농닥터(멘토) 신청_성명

## (2) 2단계 : 귀농인 멘티(Mentee) 모집

① 모집대상 : 귀농·귀촌 희망 도시민 또는 귀농 초기 단계로 현장 애
로사항을 해결하고자 하는 자

② 신청 조건

- 도시 지역에서 다른 사업 분야에 종사하였거나 종사하고 있는 자
로서 농업으로 전업하거나 관련 농산식품 가공·제조·유통업을 겸업
하기 위해 농촌지역으로 이주했거나 하고자 하는 자

- 귀농·귀촌 준비단계인 희망 도시민 또는 초기 정착단계에서 어려
움을 겪는 농촌지역 전입일 기준 1년 미만인 귀농인

- 농촌지역 전입일 기준으로 1년 이상 도시지역에 거주한 자

③ 모집규모 : 귀농 멘티 최대 250명 내외
※ 사업예산 범위에서 인원 조정 가능, 사업비 소진 시 조기 마감될 수 있음.

④ 모집기간 : '17. 3월 ~ 11월 중

⑤ 모집방법

- 접수처 : edu@epis.or.kr/02) 2058-1667~8

※ 이메일 제목 : 귀농멘터 신청_성명

## (3) 3단계 : 귀농닥터 1:1 현장 컨설팅

① 추진 방향

- 희망품목 및 상담내용, 일정 등을 고려하여 매칭

- 상담운영의 효율성 등을 고려하여 귀농닥터 멘토 1인당 5명 이내로
  제한하며, 귀농닥터 멘티는 1인당 5회 신청 가능

② 추진 방법

- 수요조사로 구축된 귀농닥터 멘토 POOL을 활용한 DB관리로 귀농
  닥터 멘티 신청내용에 적합한 귀농닥터 매칭

- 멘티 모집 시 1:1 맞춤형 현장 컨설팅을 고려하여 효율적 컨설팅이
  이루어질 수 있도록 지역·품목·유형에 따른 매칭DB 구축

## (4) 4단계 : 귀농닥터 운영

① 운영주체 : 귀농닥터 멘토

- 귀농선배, 교육기관 귀농전문가, 농업마이스터, 신지식 농업인,
  WPL현장실습 교수 등

② 상담시간

– 귀농닥터 멘토 및 멘티가 정해진 계획 및 일정에 따라 자문 실시(멘티 1인당 2시간 이내)

– 상담 시기는 농번기, 농한기, 품목별 생육주기 등을 고려하여 멘토와 멘티 간 상호 협의를 통해 조정 가능

③ 자문내용

– 귀농닥터 멘티가 초기 농촌지역 정착단계에 필요한 애로사항 및 문제점을 해결할 수 있도록 주체적인 방법 제시 및 지원

– 귀농닥터<sup>멘토</sup>가 보유한 해당 품목 영농기술 및 경영 노하우 등 현업에 적용 가능한 내용 중심의 상담

– 귀농닥터<sup>멘토</sup>가 귀농인<sup>멘티</sup>에게 농촌 정착에 필요하다고 판단되는 내용으로 상담 및 컨설팅 지도

④ 운영방법

– 교육장소

– 멘토 농장(지정장소) 방문을 통해 현장밀착형 1:1 상담지도 및 실습, 벤치마킹 실시

※ 필요에 따라 이론교육, 현장실습 및 코칭, 컨설팅 등 다양한 기법을 활용하여 운영

– 결과보고

– 귀농닥터 멘토와 멘티별 보고서 양식을 작성하여 귀농귀촌종합센터에 제출 및 정산 요청

– [멘토] 결과보고서 제출 및 정산요청, [멘티] 만족도조사 제출

– 신청횟수 및 비용

－ 멘토는 1인당 5명(최대 25회 이내)까지, 1회당 10만 원의 자문수당을 멘토 통장에 지급

※ 보고서는 완료일 기준 해당 월의 월말까지 제출하며, 미제출 시 익월로 자문수당 지급 연기됨.

－ 멘티는 1인당 5회 신청 가능하며, 자부담비 없음.


⑤ 사후 관리

－ 멘토 : 자문종료 시 당해 교육인원(남·여 구분), 귀농닥터에 대한 만족도 및 개선방안 등 자체평가 실시

－ 멘티 : 귀농닥터 서비스 만족도 및 모니터링 실시(멘티 10% 내외)

－ 우수사례 : 현장점검 및 사업평가를 통해 발굴된 우수사례는 웹시스템, 홍보책자 등을 통해 공유 및 확산 추진


□ 추진 일정

| 구 분 | 17년 1 | 2 | 3 | 4 | 5 | 6 | 7 | 8 | 9 | 10 | 11 | 12 |
|---|---|---|---|---|---|---|---|---|---|---|---|---|
| 귀농닥터 계획 수립 | | | | | | | | | | | | |
| 귀농닥터 서비스 홍보 | | | | | | | | | | | | |
| 귀농닥터 멘토 수요 조사 | | | | | | | | | | | | |
| 귀농닥터 멘토POOL DB 구축 | | | | | | | | | | | | |
| 귀농닥터 멘티 모집 | | | | | | | | | | | | |
| 귀농닥터 멘토·멘티 매칭 | | | | | | | | | | | | |
| 사업비 집행 | | | | | | | | | | | | |
| 사업모니터링 및 관리 | | | | | | | | | | | | |
| 사업완료 보고 및 정산 | | | | | | | | | | | | |

## ③ 청년 농업인 육성 정책

**사업목적**

　창업 자금, 기술·경영 교육과 컨설팅, 농지은행 매입비축 농지 임대
및 농지 매매를 연계 지원하여 건실한 경영체로 성장을 유도

　- 특히 영농 초기 소득이 불안정한 청년 창업농에게는 영농정착 지원
　　금을 지급

　이를 통해 젊고 유능한 인재의 농업 분야 진출을 촉진하는 선순환 체계
를 구축하여, 농가 경영주의 고령화 추세 완화 등 농업 인력구조를 개선

**청년창업농 신청 자격 및 요건**

　\* 다음 각 호의 요건에 모두 해당되어야 신청 가능

　● 연령 : 사업 시행 연도 기준 만 18세 이상 ～ 만 40세 미만

　- '18년 사업 신청가능 연령: 1978.1.1 ～ 2000.12.31 출생자

● 영농경력 : 독립경영 3년 이하(독립경영 예정자 포함)

– 독립경영은 신청자 본인 명의의 농지·시설 등 영농기반을 마련 (임차* 등 포함)하고,「농·어업경영체 육성법」에 따른 농업경영정보(경영주)를 등록한 후, 본인이 직접 영농에 종사하는 경우에 인정

– '18년 사업에 신청가능한 자: 2015. 1. 1. 이후 경영주 등록자

* 독립경영 1년 차(2017. 1. 1. 이후 등록자 ~ 2018년 등록예정자), 2년 차 (2016. 1. 1. ~ 12. 31. 등록자), 3년 차(2015. 1. 1. ~ 2015. 12. 31. 등록자)

## 영농정착지원금 지급금액 : 영농경력에 따라 차등 지급

● 독립경영 1년 차는 월 100만 원, 2년 차 월 90만 원, 3년 차 월 80만원 지급

– 지원제외: 일정 수준 이상의 재산 및 소득이 있는 자는 제외

## 사용용도 및 지급 방법

● 자금 용도: 농가 경영비 및 일반 가계자금으로 사용 가능

– 단, 농지 구입, 농기계 구입(개별 단가가 연차별 지원금의 1/4 이상인 경우) 등 자산 취득 용도로는 사용할 수 없음

– 유흥업소 등 통상 국고보조금 카드로 사용할 수 없는 업종에서는 카드승인 제한(별표)

● 지급 방법: 농협 직불카드를 발급하여 바우처 방식으로 금액 지급

– 현금 인출이나 계좌이체 등은 불가능하며, 직불카드로만 결제가능

– 사업대상자 확정 통지를 받는 즉시 인근 농협(지역조합 또는 중앙회
  시군지부) 방문하여 청년농업인영농정착지원금 직불카드를 신청

  * 농협 계좌가 없는 경우에는 계좌 신설 필요

## 사업신청서 접수

- 신청서 접수기간 : ~ '18년 1월 30일
- 신청서 접수처 : 농림사업정보시스템(www.agrix.go.kr)

## 문의처

- 사업안내 콜센터 : 1670-0255
- 사업 신청과 관련한 자세한 사항은 각 시·군에 문의

※ 청년창업농<sup>청년창업형 후계농</sup> 선발 및 영농정착 지원사업 시행 지침 참조

# 중앙정부에서 지방자치단체에 지원하는 사업

## 도시민 농촌 유치 지원 사업

도시민 농촌 유치 지원 사업이란 농림축산식품부에서 농어촌지역의 고령화, 저출산 등 인구감소로 인하여 어려움을 겪고 있는 농·어촌지역의 활력 증진 제고 및 귀농·귀촌 정주 여건 조성을 지원하는 사업이다. 도시민 유치 의지가 높은 전국 57개 지자체(수도권 및 광역시 제외)를 선정하여 도시민 유치와 귀농·귀촌을 연계한 도시민 농어촌유치프로그램 운영에 필요한 사업비를 지원한다.

도시민 유치사업 지역은 강원도 홍성군/횡성군/양양군 3개 군과 충청북도 보은군/영동군/증평군 등 3개 군, 충청남도 서산시/논산시/금산군/부여군/서천군/청양군/홍성군/태안군 등 8개 시 군, 전라북도 정읍시/남원시/김제시/완주군/진안군/무주군/장수군/임실군/순창군/고창군/부안군 등 11개 시 군, 전라남도 나주시/광양시/담양군/곡성군/

구례군/고흥군/보성군/화순군/강진군/해남군/영광군/장성군/진도군 등 13개 시·군, 경상북도 영주시/영천시/상주시/문경시/의성군/청송군/영양군/고령군/예천군/봉화군 등 11개 시·군, 경상남도 의령군/창녕군/남해군/하동군/산청군/함양군/거창군 등 7개 군 그리고 제주특별자치도 서귀포시 등 모두 57개 시·군에서 진행되고 있다.

각 지자체에서는 귀농 희망자 등 도시민이 안정적으로 농어촌에 정착할 수 있도록 이주단계별로 다양한 프로그램을 운영한다.

## 도시민 농촌유치사업 프로그램

| 단계 | 주요 프로그램 |
| --- | --- |
| STEP 1.<br>이주 준비 단계 | ※ 귀농·귀촌지원센터 설치·운영 - 성공 귀농인 등을 활용한 상담가 배치 등- 귀농·귀촌 매뉴얼 제작·비치- 출향인사 등 DB구축 및 유대강화- 관내 투어(농지, 지역별 재배품목 설명)- 관내 지역 유망작목, 성공사례 등 홍보<br>※정착 귀농인, 공무원, 단체 등 협의체 구성 |
| STEP 2.<br>정주 의향 단계 | ※농촌문화·체험·체득프로그램 - 귀농·귀촌 박람회 참석 및 귀농인 대상 워크숍 등 교육- 예비귀농인 농사체험- 관내 귀농학습모임 등 동호회 안내·상담<br>※농촌 빈집 등 부동산 정보 제공 - 전원택지, 빈집 정보, 농지, 임야 등- 빈집 체재형 주말농원 연계 지원 |
| STEP 3.<br>이주 정착 단계 | ※이주실행 유도 프로그램 - 귀농인의 집, 창업지원사업 등 실질 정보 제공- One-Stop 행정처리반 운영- 농촌형 일자리 발굴 및 모니터링- 관내 사회적 기업 등 참여 안내 |
| STEP 4.<br>정주 의향 단계 | ※연착륙 적응 프로그램- 이주 도시민 멘토링제 운영- 귀농인 적응(선도농가 실습 등) 프로그램 운영-귀촌인 만남의 장 운영- 귀농·귀촌자 학습모임 구성·운영- 귀농·귀촌인 적응교육 알선 및 위탁 |

## 귀농인의 집 운영

 귀농·귀촌 희망자가 거주지나 영농기반 등을 마련할 때까지 거주하거나 귀농·귀촌 희망자가 일정기간 동안 영농기술을 배우고 농촌체험 후 귀농할 수 있게 머물 수 있도록 임시 거처를 제공하는 사업이다. 귀농인의 집 운영은 강원도 등 7개 도 55개 시·군 228개소에서 하고 있다.

### 시 도별 귀농의 집 운영현황(2016년도)

| 도 별 | 개소 수 | 지 역 |
|---|---|---|
| 강원도 | 3 | 양양군2, 인제군1 |
| 충청북도 | 24 | 괴산군2, 단양군7, 보은군1, 영동군6, 옥천군4, 증평군2, 충주시2 |
| 충청남도 | 23 | 금산군2, 부여군3, 서천군4, 아산시2, 청양군2 ,홍성군10 |
| 전라북도 | 58 | 고창군8, 김제시5, 남원시7, 무주군2, 부안군2, 순창군11, 완주군6, 장수군7, 정읍시3, 진안군7 |
| 전라남도 | 49 | 강진군8, 영광군1, 고흥군4, 영암군5, 곡성군2, 구례군7, 나주시2, 진도군3, 함평군1, 순천시5, 해남군1, 신안군3, 화순군4, 여수시1 |
| 경상북도 | 38 | 문경시9, 영덕군1, 봉화군3, 영주시1, 상주시10, 예천군2, 안동시4, 울진군1, 의성군6, 청송군1 |
| 경상남도 | 33 | 거창군20, 산청군2, 의령군7, 창녕군1, 함양군1, 합천군2 |
| 7개 도 | 228 | 55개 시·군 |

※ 상세한 운영내역(위치, 요금, 전화번호 등)은 귀농귀촌종합센터 전국,귀농인의 집 현황 참조

# 신규 농업인(귀농·귀촌) 현장 실습 교육(농촌진흥청)

## 1) 목적

농어촌<sup>시·군</sup> 지역에 이주한 귀농인에게 영농기술 및 품질관리, 경영·마케팅, 창업 등에 필요한 단계별 실습교육<sup>체험 등</sup> 등을 통하여 안정적인 연착륙이 가능하도록 유도함으로써 농어촌의 활력 증진에 기여

## 2) 추진 방향

① 농어촌지역에 이주한 귀농인에게 관심 있는 분야의 작목 재배기술 등을 선도농업인<sup>농업법인</sup> 또는 성공 귀농<sup>농업</sup>인으로부터 습득, 그 외에도 정착과정 상담, 경영기법, 창업과정 등 지원

② 이주 초기의 경험 미숙 등에 따른 위험부담을 최소화할 수 있도록 연수 기회를 제공하여 향후 안정적인 소득 기반 마련

③ 농어촌지역의 조기 적응은 물론 농산업분야 창업<sup>일자리창출</sup> 시 위험부담을 최소화하는 등 안정적인 영농정착 유도

## 3) 사업비 : 600만 원/명

※ 지원조건 : 국비 50%, 지방비 50%

## 4) 지원 대상

– 농촌지역으로 이주한 5년 이내 신규농업인<sup>귀농인</sup> 또는 만 40세 미만 청장년층

   ※ 만 40세 미만 청장년층의 경우 귀농여부 및 지역과 상관없이 지원 가능

## 5) 교육 방법

귀농인이 지역의 선도농업인 및 우수농업인, 농업법인, 농식품부 지정현장실습농장WPL과 협력하여 현장실습

## 6) 추진 체계

| | |
|---|---|
| **농촌진흥청** | - 사업 기본계획 수립 및 사업 총괄<br>- 시·도별 사업량 배분<br>　※ 귀농·귀촌 가구 수 현황, 귀농교육 실적 등을 고려<br>- 귀농인 연수 및 선도농가 실습장 운영실태 점검 |
| **도 농업기술원** | - 도별 특성에 맞는 세부시행계획 수립<br>- 시·군 간 사업물량 배분 및 사업홍보<br>- 연수 희망자 또는 선도농가 선정, 연수 대상자와 선도농가와의 약정 체결<br>　※ 선도농가 역량강화 교육 실시<br>- 연초 도 단위 귀농 현장실습교육 워크숍(9개 도 순회)<br>- 광역단위 귀농인 연수 및 선도농가 실습장 운영실태 점검 |
| **시·군 농업기술센터** | - 시·군별 특성에 맞는 귀농귀촌 교육계획 수립<br>- 연수희망자 또는 선도농가의 접수·선정, 연수 대상자와 선도농가와의 약정 체결 및 사업 사후관리<br>- 시·군별 주산작목 중심 실습위주 교육운영<br>※ 선도농업인 및 전문가 지원, 농장현장실습 등 |

## 7) 운영 방안

① 귀농 현장실습교육 프로그램 운영 개선·강화필수 + 선택과정

– 기본실습 과정필수 : 작목별 선도농가 협력 현장실습, 습득기술의 자가영농 적용 실습

　※습득기술의 적용실습 : 자가영농지 실습, 연구개발, 시제품 제작, 창업관련 전문기술 습득 등

– 네트워킹과정선택 : 시·군 센터 주관 오리엔테이션, 간담회, 평가회,

자율학습조직

※ 시·군별, 귀농현장실습 성과평가, 심화기술교육, 관련 전문가초청 교육, 자율학습조직
운영, 도시 등 타 산업 연계를 위한 사회관계망 형성, 실습기록관리 시스템 지도, 귀농연
수생 영농기반 확보, 도시소비자 연계

② 귀농인 연수 작목별 현장실습기간 등 탄력적 운영

– [기존] 5개월, 월 160시간 → [개선] 3~7개월, 연간 총 800시간

– 자가 영농 실습인정(월 40시간 이내), 주 작목(벼)+부 작목(채소)

연수가능, 선도농가 및 귀농연수생 복수지원 가능, 자가 영농실습

결과 온라인 실습보고서 작성 필수 – 지역 여건에 따라 조별 2명의

선도농가나 귀농 연수생이 실습 추진할 수도 있음.

※ 시·군 센터 주관하 당사자 간 상호학습방법, 실습기간 등 협의(예: 지역 여건에 따라 1명
의 선도농가 또는 귀농연수생이, 2명의 귀농 연수생 또는 선도농가를 선정하여 실습할 수
도 있음. 조별 3명 이상 불가)

– 선도농가와 귀농 연수생 매칭 시 학습계약 및 친화력을 높일 수 있

는 사전 워크숍 등을 지원할 수 있음.

③ 선도농가 및 귀농 연수생 온라인시스템 운영(e–HRD 시스템 활용)

– 귀농연수생은 시스템 활용 현장실습보고서(월 1회 이상) 작성 필수
※ 미작성자 연수비 지급 불가(불가피한 경우 수기 작성 가능)
※ 현장실습보고서 작성 우수자에게 귀농창업교육 대상자 선발 및 귀농창업자금 배정 시 가점 부여

– 선도농가 희망자 대상 시스템 이용 사전 등록제 추진
※ 사전등록제 : 온라인을 통한 선도농가 품질관리로 검증된 pool 제공 및 교육 내실화

④ 담당자 워크숍 및 도 단위 귀농 현장실습교육 워크숍 진행
※ 현장실습교육 운영 관리 방안, 순회 워크숍 진행, 강사풀은 농촌진흥청에서 협력

## 8) 지원 조건

① 귀농연수생 : 교육 훈련비 지원(월 80만 원 한도, 3~7개월)

– 단, 매월 10일 또는 80시간 이상 연수 시 교육 훈련비 지원

 ※ 1일 지급 단가 산정기준(8시간 기준) : 4만 원(식비, 교통비 등)

② 선도농가 : 귀농인을 채용한 선도농가에게 연수 기간 동안의 교수

 수당 지원(연수생 1인당 월 40만 원 한도, 3 ~ 7개월)


## 9) 지원 자격 및 요건

① 연수지원 대상자(귀농 연수생)

– 사업 시행 연도 1월 1일 기준 농업 종사를 목적으로 해당 시·군의

 관할지역(농어촌 지역 포함)으로 최근 5년 이내 이주한 귀농·귀촌인

 ※ 단, 만 40세 미만 청장년층의 경우 귀농 여부 및 지역과 상관없이 지원 가능
 ※ 귀농 연수생이 연수계획서를 시·군에 제출하는 경우 선발 시 가점부여 (연수계획서 별첨)

② 선도농가(귀농교육 실습장)

– 농업기술원장 또는 농업기술센터 소장이 추천한 관내 신지식농업

 인, 전업농 및 창업농업경영인, ICT정보통신기술 활용 농가, 우수농업법

 인, 농식품부 지정 현장실습농장WPL 또는 성공 귀농인

 ※ 선도농가가 학습지원계획서를 시·군에 제출하는 경우 선발 시 가점부여 학습지원 계획서 별첨

## ⑤

# 중앙정부의 농어촌 복지정책

중앙정부의 농어촌 복지정책을 보건복지 분야, 교육여건, 정주생활기반, 경제활동·일자리, 문화·여가, 환경·경관, 안전 등 7가지로 정리하여 살펴보자.

## 보건복지 분야

### 1) 농·어업인 맞춤형 사회보장 및 고령·취약 계층 사회안전망 강화

① 국민연금보험 기준소득 금액 인상

② 건강보험료 소득수준별 차등 지원(현행 : 정률지원) 및 결손처분 기준 완화(재산금액 : 300→450만 원)로 취약계층 지원 강화

※ 차등 지원 방안 구체화를 위한 고시 제정('15.7월)

③ 농지연금 지원 요건 중 소유 농지 면적 기준(3ha 이하) 폐지('15)

④ 부양의무자의 소득 및 부양비 부과기준 완화 등으로 기초생활보장

제도 사각지대 해소
※ 부양의무자 4인, 수급자 1인 가구 : ('14) 290/212만 원 → ('15.하반기) 485/422만원

2) 공공의료 체계 현대화 및 응급치료 인프라 확충, 농어촌 맞춤형 보건의료 서비스 확대

① 지역거점 공공병원의 시설 현대화(지방의료원 33개소, 적십자병원 5개소) 및 파견 의료인력 지원 확대

② 펌뷸런스<sup>소방 펌프차 + 구급차</sup> 운영 및 분만 취약지 산부인과 시설 지원 확대

③ 농·어업인 직업성 질환을 연구하는 농·어업안전보건센터 운영

④ 농어촌지역 맞춤형 정신보건센터 확충

3) 고령농, 아동·청소년, 여성, 다문화가족 등 대상별 복지서비스 강화

① 영농·영어 도우미, 가사도우미 지원 확대로 취약농·어가 지원

② 농어촌 국공립 어린이집 확충<sup>매년 10개소</sup>, 농촌 공동 아이 돌봄 센터 및 농번기 주말 돌봄방 확대

③ 여성농업인센터 확충으로 농촌여성 역량 강화

④ 결혼이민여성 대상 농업교육 및 다문화가족 방문교육<sup>한국어, 부모, 자녀 생활 교육 등</sup> 지속 지원

4) 농어촌 복지전달체계 내실화 및 주민조직 역할 강화

① 읍·면 복지기능 강화 시범사업 실시

※ 읍·면 사무소 복지담당공무원, 민간 전문 인력 추가 배치로 복지사각지대 해소

② 농협 행복 나눔 센터 및 농업인 행복버스 운영으로 농어촌 맞춤형 복지 서비스 강화

③ 사회 서비스형 농촌공동체 회사 육성 강화

## 교육 여건

### 1) 농어촌 특성을 반영한 공교육 서비스 제공 및 ICT 기반 확충

① 농어촌면지역 거점별 우수 중학교 육성

② 스마트 러닝을 위한 농어촌 학교 ICT 인프라 확충

③ 농어촌 학교 ICT 원격 화상 진로 멘토링 확대

④ 농어촌을 배려한 교원 배치 및 신규 교원 육성 지속 추진

### 2) 취약계층 지원, 대학교육 기회 확대 등 농어촌 학생 복지 강화

① 농어촌 지역 교육복지 우선 지원 사업 확대

　　※ 취약계층 학생이 밀집한 학교에 학습, 문화체험, 정서 프로그램 등 집중 지원

② 지역균형 선발제 모집인원, 유도로 농어촌 학생의 대학 진학 기회 확대

③ 농어촌 출신 대학생 학자금 지원 확대

④ 농업인 자녀 및 후계 학생 장학금 지원 확대

### 3) 농어촌 교육 거버넌스 활성화 및 평생학습 기회 확대

① 면지역 이하에서 학교, 마을 등이 협업하는 교육공동체 육성매년 20개소

② 행복학습센터 확대로 평생학습 활성화

## 정주생활 기반

### 1) 살기 좋은 농어촌 생활권 구현 및 수요 대응형 교통서비스 확산

① '농촌 중심지 활성화 선도 지구'를 선정, 배후 마을에 대한 복지·교육·문화 등 공동체 활동 거점으로 육성

② 주거환경이 열악한 농어촌 마을의 종합 정비 지원

  ※ 마을 단위로 슬레이트 철거, 지붕 개량, 도로·상하수도 구축, 경관개선 등 종합 지원

③ 대중교통 취약지역에 농촌형 교통모델 발굴 사업 확대 및 수요 응답형 여객자동차 운행 사업 도입('15~)

④ 인접한 지자체가 공동으로 협력하는 주민 체감형 지역행복 생활권 선도 사업 확대

  ※ 실생활 권역에 기초 인프라, 일자리 창출, 복지 등 주민체감형 사업 추진

### 2) 공동체 주도의 지역개발 방식 확산 등 공동체 활력 창출

① 주민 주도 마을 만들기 확산을 위한 농촌현장포럼 및 공무원·마을 리더 현장교육 확대

② 행복마을 만들기 콘테스트 실시로 주민 참여 제고

③ 귀농·어/귀촌 정보·상담서비스, 정착 저해요인 개선 등 맞춤 지원 강화로 귀농어·귀촌 활성화 매년 귀농·귀촌 가구 3만 가구 유지

④ 스마일재능뱅크 등 도시민 재능 나눔 활성화로 공동체 활력 증진

  ※ 재능 나눔 기업/단체/대학교 지원/지자체 네트워크

### 3) 상하수도, 정보화 기반 등 농어촌 기초생활 인프라 확충

① 면지역 상수도 보급 확대 및 시·군 하수도 확충

② 농어촌 LPG 소형 저장탱크 보급 확대

③ 농어촌 지역 50세대 미만 행정리에 100MB급 인터넷이 가능한 광대역 통합망 구축 지원 확대

④ ICT 기반 농촌 교육·문화·의료 여건을 개선하는 창조마을 표준모델 마련 및 창조마을 시범 조성 추진

## 4) 농어촌 고령자 맞춤형 공동시설 지원 및 주거여건 향상

① 공동생활 홈, 공동급식시설, 작은 목욕탕 등 농촌 고령자 맞춤형 공동시설 조성

② 농촌 지역 고령 독거노인 등 취약계층 집 고쳐주기<sup>매년 450가구</sup>

③ 30년이 넘은 노후 슬레이트 주택 철거 지원

## 경제활동·일자리

### 1) 6차 산업 활성화를 위한 인프라 구축 및 규제 개선

① 지역별 농촌 융복합 산업지원센터<sup>9개소</sup>를 중심으로 현장 밀착 지원
※ 「농촌융복합 산업법」 하위법령 적기 제정('15.6 시행) 및 제 1차 농촌융복합산업 5개년 기본계획 수립으로 활성화 기반 마련

② 6차 산업화 수익모델 시범사업 확대

③ 농식품 제조·가공시설 기준을 완화하는 지자체 조례·규칙 제정 확산으로 현장 규제 개선

④ 농식품 관련 특화자원이 직접화된 지역을 6차 산업화 지구로 조성하고 규제특례 발굴 및 기업 지원

⑤ 수산가공품 제조·가공시설 현대화 및 농식품 로컬 푸드 직매장 확대

2) 6차 산업화 창업촉진 및 경쟁력 있는 경영체 육성

① 시제품 생산·제조·가공시설 공동이용, 창업·보육을 담당하는 농

　산물 종합가공 지원센터 확충

② 6차 산업 창업에 필요한 시설·운영자금 융자 지원300억 원, 2%

③ 6차 산업 사업자 인증제 실시로 경쟁력 있는 주체 육성

④ 소규모 경영체 리모델링 지원으로 융복합형 농장 조성


3) 농어촌 관광체계화 및 관광프로그램 다변화

① 관광 두레 육성으로 주민참여 모델 확산

② 농촌체험마을 관광등급 평가 확대 및 어촌 체험마을 등급제 도입

　('15) 등 농어촌 관광서비스 개선

③ 코레일 기차여행 상품, 민간여행사 연계 관광 상품 등 관계기관,

　민간 협력 활성화

④ 산림 휴양, 승마, 전통주, 향토음식 등 유망 관광분야 육성

　※ 자연휴양림·치유의 숲 : 162개소/20개소, 승마체험/승마장 : 22천 명/85개소, 찾아가
　　는 양조장:18개소


4) 농어촌의 원활한 인력수급 및 새로운 일자리 창출

① 일손 부족 완화 위해 도농협력 일자리 연계, 외국인 근무처 추가제

　도 활성화 및 밭 농업 기계화 지원

　※ 근로자가 원 사업장과의 근로계약을 유지하면서, 일정기간 다른 사용자와 근로계약을
　　체결하여 근무하고 기간 만료 시 원 사업장으로 복귀토록 하여 계절적 고용지원
　※ 기계화 적응 신품종, 표준 재배양식 개발 등 추진

② 농어촌형 여성 새로 일하기 센터 확충매년 2개소 내외으로 육아, 가사

등으로 경력이 단절된 여성의 재취업 활성화

③ 논들녘 경영체 및 밭작물 공동 경영체 육성으로 규모화, 조직화

## 문화·여가

### 1) 농어촌 문화·여가 인프라 및 인적기반 구축

① 농어촌 공공도서관 건립 확대, 작은 도서관, 작은 영화관 신규개관

② 농어촌 지역의 운동장, 체육관, 기존시설 리모델링 등 각종 경기대회 개최 기반 및 생활체육 공간 설치<sup>매년 110개소</sup>

③ 지역문화 전문 인력 양성기관 지정으로 인력 육성

④ 주민협의체가 지역문화를 활용하여 마을을 브랜드화 하는 문화마을 조성 확대

### 2) 문화소외지역 농어촌 주민의 문화·여가 향유 기회 확대

① 농·산·어촌 등 문화소외지역 학교 전교생에게 예술활동을 지원하는 예술꽃씨앗학교 지원 확대

② 문화소외지역에 생활 밀착형 생활문화센터 조성 및 문화예술 활동 매개 지역공동체 형성 지원

③ 문화누리카드<sup>개인별 5만 원</sup>로 소외계층 문화향유기회 확대

④ 수요자 중심의 찾아가는 도서관, 박물관, 미술관 운영

　　※ 농어촌지역 찾아가는 문화 서비스 : 도서관(연 100개관), 박물관(연 33회), 미술관(연 15회)

## 환경·경관

### 1) 주민의 경관보전 활동 활성화 및 농어촌 어메니티(amenity)의 체계적 관리

① 농어촌 경관 계획 수립요령 개정 및 주민 경관보전협약 표준안 마련, 지자체 시달로 주민의 자율적 경관보전 활동 확산

② 국가농·어업 유산 지정·활용 근거 마련<sup>삶의 질 법 개정, '15.2</sup> 및 지속적 발굴·관리를 위한 지정 확대

③ 경관보전직불 및 조건불리직불 지속 지원으로 경관보전

④ 생태관광지역 성공모델<sup>4개소</sup> 집중 육성 및 가이드 마련으로 우수자원 보전, 활용


2) 농어촌 주민을 위한 쾌적한 생활환경 조성

① 도서, 산간 등 농어촌 폐기물종합처리시설 설치

② 폐비닐·폐농약 수거보상비 지속 지원<sup>폐비닐 19억 원, 폐농약 수거용기 10억 원</sup>

③ 방치되고 있는 마을도랑 살리기 지원

④ 가축분뇨처리장, 매립장 등 주민 기피시설을 에너지 공급시설과 연계한 친환경 에너지타운 조성 확대


3) 친환경 농·어업 확산 및 대체 에너지 활용으로 환경부하 저감

① 친환경 농업지구 확대로 지속가능한 농업 확산

② 친환경 어구 보급 및 친환경적인 신개념 양식 시스템 보급

③ 유리온실에 지열 냉난방 시스템 등 대체 에너지 공급 및 신재생에너지 목재 펠릿 생산 확대

④ 축산분뇨 처리시설, 장비 등을 지원하여 자원화 촉진

⑤ 사육환경의 과학적 사용관리가 가능한 ICT 융복합축사 지원 확대

안전

## 1) 자연재해 및 산림재해 대응체계 강화

① 수리시설 · 소하천 정비, 배수장 설치 등 자연재해 취약시설 보강

② 산사태 발생 우려지역 실태조사 확대 및 산림재해 모니터링단 확충

## 2) 안전한 영농 · 영어 활동 기반 조성

① 농업인 안전재해보험 보장수준 향상

※ 『농어업인안전보험법』 제정에 따른 하위법령 마련('15.12)

② 수산인 안전공제 가입률 제고

③ 농어업 재해보험 대상품목 확대, 가입기간 연장<sup>시설재배 작물 가입기간 연</sup>

4개월▶연중 및 종합위험보장 강화

※ 종합위험보장방식 적용 : 배('14 : 12 시 · 군▶30), 단감(3▶12), 사과(신규 3)

## 3) 생활안전 사각지대 해소 및 안전한 보행/교통 환경 조성

① CCTV 통합관제센터 및 자동감지가 가능한 지능형 CCTV 보급 확

대<sup>매년 2개소</sup>로 방범 인프라 구축

② 시 · 군별 생활안전지도 구축 및 대국민 공개 서비스 제공

③ 농어촌 도로 위험구간 개선 지속 추진

## 6

# 지방자치단체 지원 사업

　지방자치단체별로도 인구 확충 차원에서 지원 사업을 실시하고 있다. 귀농·귀촌인들의 정착금 지원 사업을 비롯하여 창업농 지원, 농업인 영농 지원 사업, 소형 농기계 지원, 농기계 임대료 감면 지원, 교육 훈련비 지원, 농경지 임차료 지원, 주택설계비 지원, 주택수리비 지원, 이사비 보조, 귀농·귀촌인 화합행사를 위한 집들이 지원, 귀농 투어, 귀농 동아리 활동지원 등 시·군마다 다양하게 지원정책을 펼치고 있다.

　자치단체 지원 사업은 국·도비 사업에 참여하려는 지방자치단체의 의지에 따라 많은 차이를 보이고 있다. 예를 들어 농촌유치지원 사업, 귀농인의집 운영 사업, 선도농가귀농실습 사업 등에 참여하는 지방자치단체는 참여하지 않은 시·군보다 더 다양한 지원정책을 펼치고 있다(부록2 지방자치단체 지원 사업 내용 참조). 자료 이용 시 귀농·귀촌종합센터 지방자치단체 게시 자료를 활용하였으니 해당 지역 사업의 궁금 사항은 해당 부서의 확인이 필요하다.

# 지역별 사회복지 정책 정보

　지방자치단체별 사회복지 정책도 중앙정부의 복지정책에 각 자치단체의 인구 늘리기 사업을 추가하여 다양하게 실시하고 있다.

　출산장려금을 비롯하여 전입세대지원 사업, 농촌총각결혼지원 사업, 출산예정여성농업인 농가도우미 사업, 여성농업인 행복바우처 사업, 농업인 자녀 학자금 지원, 농업인 자녀 양육 및 보육료 지원, 전입학생 지원 및 장학금지원 사업, 농어촌 보육교사 처우개선 사업, 여성농업인 농작업 개선 지원 사업, 귀농·귀촌인 지방세 감면, 농업인 건강보험료, 연금보험료 지원, 농업인 안전 공제료 지원 등 시·군 실정에 따라 많은 차이를 보이고 있다. 이 자료 역시 귀농·귀촌 종합센터 지방자치단체 게시자료를 활용하였으며 미처 이 곳에 게시하지 않은 지방자치단체도 중앙정부 복지제도사무로 지원제도가 운영되고 있으니 귀농·귀촌지역에 정착할 시에는 반드시 해당 시·군청 관련 부서에 확인이 필요하다. (부록3 지역별 사회복지 정책 정보 참조)

# 농림축산식품 시책사업

농림축산식품사업시행지침을 살펴보면 2017년도에 총 71개 사업을 추진하고 있다. 사업시행지침서는 농림축산식품분야 재정사업관리 기본규정과 농림축산식품부와 농촌진흥청 및 산림청 소관 주요 농림축산식품사업 내용이 수록되어 있다. 사업별 추진내용은 시행지침을 참고하여 자신에게 맞는 사업을 사전에 준비하여 참여하는 것이 바람직하다. 사업 참여는 전년도 1~3월에 시·군청 수요 조사가 있으니 시기를 일실하지 않도록 공고문을 반드시 확인하도록 한다.

주요사업은 식량작물분야의 생산기반 확충사업으로
① 농지 규모화사업, ② 경영회생 지원 농지매입 사업, ③ 농지매입·비축 사업 ④ 종자산업 기반 구축 사업 ⑤ 농식품산업 해외진출지원(융자)사업, ⑥ 농기계임대사업이 있고, 생산 및 유통개선으로 ⑦ 들녘경

영체 육성사업, ⑧ 고품질 쌀 유통활성화 사업, ⑨ 쌀 가공 산업 육성 사업, ⑩ 밭작물 공동 경영체 육성지원이 있다.

원예·식품 분야의 생산기반 확충으로
① 공영 도매시장 시설현대화 사업, ② 농산물 공동출하확대 지원 사업, ③ 농산물 산지유통시설 지원 사업, ④ 도매 유통활성화 지원 사업, ⑤ 농산물 마케팅 지원 사업, ⑥ 산지유통 활성화 사업, ⑦ 농산물직거래 활성화 사업, ⑧ 농산물자조금 지원 사업, ⑨ 인삼·약용작물계열화 사업, ⑩ 식품·외식종합자금, ⑪ 전통발효식품 육성 사업, ⑫ 학교 급식지원센터운영활성화 사업, ⑬ 농산물우수관리(GAP)시설 보완 사업 등이 있고 과수·시설원예 생산 및 유통개선으로 ⑭ 원예시설 현대화 사업, ⑮ 과수 생산유통지원 사업, ⑯ 농업에너지 이용효율화 사업, ⑰ 첨단온실 지원 사업 등 17종이 있다.

임업 및 산촌 분야의 생산 및 유통개선 사업으로는
① 산림 경영계획 작성 사업, ② 산림사업 종합자금 지원 사업, ③ 산림소득증대 지원 사업, ④ 목재 이용 및 사업육성 사업, ⑤ 백두대간 주민지원 사업, ⑥ 임산물수출지원 사업, ⑦ 귀산촌인창업 및 주택구입 지원 사업이 있고 산림자원조성사업으로 ⑧ 조림 숲 가꾸기 사업 등 모두 8종의 사업이 있다.

농촌개발 분야로는 생산 및 유통개선 사업으로

① 유기질비료 지원 사업, ② 토양 개량제 지원 사업, ③ 농업자금 이 차보전 사업이 있고 기술개발사업으로는 ④ 농림축산식품연구개발 사업, ⑤ 신기술 보급 사업이 있다.

인력 육성사업으로 ⑥ 농업경영 컨설팅 사업, ⑦ 귀농농업 창업 및 주택구입 지원 사업, ⑧ 후계농업 경영인 육성 사업이 있고, 소득보전사업으로는 ⑨ 쌀 소득보전직접지불제, ⑩ 경영이양직접지불제, ⑪ 친환경농업직접지불제, ⑫ 경관 보전직접지불제, ⑬ 밭 농업 직접지불제, ⑭ 조건 불리지역 직접지불제, ⑮ 친환경안전축산물직접지불제 등이 있으며, 소득원 개발 및 생활환경 개선 사업으로 ⑯ 농어촌 관광휴양자원 개발사업, ⑰ 농촌 공동체 활성화 지원사업, ⑱농촌 다원적 자원 활용사업, ⑲ 저탄소 농림축산식품기반구축 사업<sub>저탄소농축산물인증제</sub>, ⑳ 저탄소 농림축산식품기반구축사업<sub>농업/농촌 자발적 온실가스 감축</sub> 등이 있고 농촌 복지 사업으로 ㉑ 농촌출신대학생학자금지원<sub>융자</sub>사업, ㉒ 취약농가인력 지원, ㉓ 농어업인 건강 연금 보험료지원, ㉔ 농업인 자녀 및 농업후계인력 장학금 지원 사업 등 23종의 사업이 있다.


축산분야의 사육기반 확충사업으로는 ① 조사료생산기반 확충 사업, ② 사료 산업 종합지원 사업, ③ 송아지생산 안정, ④ 산지 생태축산농장 조성 사업, ⑤ 우량 송아지 생산 비육시설 지원 사업 등이 있고 생산 및 유통개선 사업으로는 ⑥ 축사시설 현대화 사업, ⑦ 축산경영종합자금 ⑧ 축산 자조금 지원 사업, ⑨ 축산물 직거래 활성화 지원 사업 등 9종의 사업을 추진하고 있다.

지역특화 회계분야사업으로는 ① 농촌자원 복합산업화 지원 사업, ② 일반 농·산·어촌개발사업, ③ 지역전략식품산업육성사업 등 3종을 포함하여 총 71개 사업이 있다.

※ 시책 사업별 자세한 내용은 농림축산식품부 홈페이지(www. agrix.go.kr)에 게시되어 있는 농림축산식품사업시행지침서를 참조하시기 바랍니다.

| 구분 | 2015년 | 2016년 | 2017년 | 2018년 이후 |
|------|--------|--------|--------|-------------|
| 합 계 | 1,000 | 1,500 | 2,500 | 2,500 |
| 융 자 | 1,000 | 1,500 | 2,500 | 2,500 |

## 농림축산식품사업 표준 프로세스

| 분류 | 프로세스 | 주관 | 시기 | 주요내용 |
|------|----------|------|------|----------|
| 기초단계 | 수요조사 | 농림축산식품부 지자체 | 전년도 4월 | ·지자체는 사업시행 수요조사 실시<br>·조사결과를 농림축산식품부에 송부 |
| | 예산요구 | 농림축산식품부 | 전년도 2월 | ·조사물량을 예산요구안에 반영<br>·기획재정부에 예산 요구 |
| | 예산확정 | 농림축산식품부 | 전년도 12월 | ·사업시행 예산 확정 및 통보 |
| 계획단계 | 사업지침 시달 | 농림축산식품부 | 전년도 12월 | ·사업시행에 필요한 지침 시달 (예산 규모 등) |
| | 사업신청 | 사업대상자 | 당년도 2월 | ·지자체의 사업홍보<br>·사업대상자는 사업기관에 신청 |
| | 사업자 선정 | 농림축산식품부 지자체 | 당년도 2월 | ·사업자 선정기관은 지원규모, 조건 및 적합 여부를 판단하여 선정(사업비 배정) |
| 추진단계 | 세부계획 수립 | 사업대상자 | 당년도 4월 | ·실제 사업시행을 위한 세부계획 수립 보고 및 승인 |
| | 사업시행 | 사업대상자 | 당년도 12월 | ·사업 추진 |
| | 자금배정 | 농림축산식품부 지자체 | 당년도 9월 | ·분기별 또는 일괄적 자금배정 |
| 관리단계 | 이행점검 | 농림축산식품부 지자체 | 당년도 10월 | ·사업시행 및 감독기관 모니터링 여부, 보조금 환수조치 등 |
| | 성과점검 | 농림축산식품부 지자체 | 당년도 12월 | ·사업 성과지표 달성여부 판단 |
| | 사업평가 | 농림축산식품부 | 익년도 3월 | ·사업에 대한 전반적인 평가 |
| | 환 류 | 농림축산식품부 | 익년도 4월 | ·평가결과 환류(예산편성방향 등) |

농림축산식품 사업 신청서

| 신청자 | 생산자단체 등의 명칭 (협동조합. 법인, 회사, 작목반, 기타 참여 농가수) | 법인등록번호 | | | |
|---|---|---|---|---|---|
| | 성명 (대표자명) | 농업경영체 등록번호 | | 생년 월일 | |
| | 주소 | | | 전화 번호 | |
| | 생산자단체 등의 형태 | 년 | 영농교육 | 분야, 월 주 | |
| 신청내용 | 사 업 명 | | | | |
| | 사업예정지 (동·리 번 지까지 기 재) | | 농지이용계획 | | |
| | | | 농업진흥지역 안 | 지구 | |
| | | | 농업진흥지역 밖 | 지구 | |
| | 사 업 비 (천 원) | 계 | 정부지원(재원명 기재) | 지방비 | 자부담 |
| | | | 국고계 / 보조 / 융자 | | |
| | | | | | |
| | 사업내용별 규모(량) | | | | |

농림축산식품분야 재정사업관리 기본규정 제26조 제1항의 규정에 의하여 신청하며 사업 신청과 관련하여 사업대상자 선정기관이 본인의 아래의 개인정보를 처리하는 것에 동의 합니다.
　※ 사업신청과 관련된 붙임의 개인정보의 수집·이용에 동의합니다.
　※ 사업신청과 관련된 붙임의 개인정보의 제공에 동의합니다.

　　　　　　　　　　　　　　　　　　　　　　　　　　년　월　일
　　　　　　　　　　　　　　　　신청자　　　　(서명 또는 인)
　○ ○ (시장·군수·자치구청장) 귀하

첨부서류 :
1. 사업계획서 1부.
2. 대출신청자료 1부(대출신청이 있는 경우에 한함)
3. 경영실태를 확인할 수 있는 자료(경영장부, 경영일지 등)사본 1부(기록실적이 있는 경 우에 한함)

# 사업신청과 관련된 개인정보 수집·이용 및 제공에 관한 사항

## ※ 개인정보 수집·이용 동의 사항

1. 개인정보의 수집·이용 목적 : 농업인 지원을 위한 농림축산식품사업 보조·융자 등의 사업추진 시 적합한 대상자 선정 및 사업관리

2. 수집하려는 개인정보의 항목 : 사업신청서의 각 항목(이름, 생년월일, 주소 및 연락처 등)

3. 개인정보의 보유 및 이용기간 : 농림축산식품사업 보조·융자 등의 사업 기간 및 사후관리 등에 필요한 기간

4. 동의를 거부할 권리가 있다는 사실 및 동의 거부에 따른 불이익이 있는 경우에는 그 불이익의 내용

＊동의하지 않는 경우 적합한 대상자인지 확인이 불가능하여 사업대상자로 선정되지 않을 수 있음.


## ※ 개인정보의 제공 동의 사항

1. 개인정보를 제공받는 자 : 농림축산식품사업 보조·융자 등의 정책사업과 연관된 사업의 수행기관

2. 개인정보를 제공받는 자의 개인정보 이용 목적 : 농림축산식품사업 정책사업과 연관된 업무를 추진하기 위한 확인 및 대조 등의 업무처리

3. 제공하는 개인정보의 항목 : 사업신청서의 각 항목(이름, 생년월일, 주소 및 연락처 등)

4. 개인정보를 제공받는 자의 개인정보 보유 및 이용기간 : 농림축산식품사업과 연관된 업무의 추진기간 및 사후관리기간

5. 동의를 거부할 권리가 있다는 사실 및 동의 거부에 따른 불이익이 있는 경우에는 그 불이익의 내용

❖ 동의하지 않는 경우 적합한 대상자인지 확인이 불가능하여 사업대상자로 선정되지 않을 수 있음.

# 세제 혜택

농지

**1) 귀농인에 대한 취득세 감면**

① 감면대상

귀농인이 직접 경작할 목적으로 대통령령으로 정하는 귀농일부터 3년 이내에 취득하는 농지, 「농지법」 등 관계법령에 따라 농지를 조성하기 위하여 취득하는 임야에 대해서는 취득세의 100분의 50을 경감

② 농어촌 지역으로 이주하는 귀농인의 요건

- 이주한 해당 농어촌 외의 지역에서 귀농일 전까지 계속하여 1년 이상 실제 거주할 것

- 귀농일 전까지 계속하여 1년 이상 농업에 종사하지 않은 사람일 것

- 농어촌에 「주민등록법」에 따른 전입신고를 하고 실제 거주하는 사람일 것

③ 대통령령으로 정하는 귀농일이란 귀농인이 새로 이주한 해당 농어촌으로 전입신고를 하고 거주를 시작한 날을 말한다.

④ 사후관리

- 귀농일부터 3년 이내에 주민등록 주소지를 취득 농지 및 임야 소재지 시·군·구<sub>구의 경우에는 자치구를 말함. 이하 같다</sub>. 그 지역과 연접한 시·군·구 또는 농지 및 임야 소재지로부터 20킬로미터 이내의 지역 외의 지역으로 이전하는 경우

- 귀농일부터 3년 이내에 「농업·농촌 및 식품산업 기본법」 제3조 제1호 가목에 따른 농업 외의 산업에 종사하는 경우. 다만 「농업·농촌 및 식품산업 기본법」 제3조 제8호에 따른 식품산업과 농업을 겸업하는 경우는 제외한다.

- 농지의 취득일부터 2년 이내에 직접 경작하지 아니하거나 임야의 취득일부터 2년 이내에 농지의 조성을 개시하지 아니하는 경우

- 직접 경작한 기간이 3년 미만인 상태에서 매각·증여하거나 다른 용도로 사용하는 경우


주택

**1) 농어촌 주택개량에 대한 취득세 및 재산세 면제**

① 감면대상자

농어촌정비법에 따른 주택개량의 대상자로 선정된 사람과 자력으로 주택을 개량하는 대상자로서 해당 지역에 거주하는 사람 및 그 가족

② 감면대상 주택

상시 거주할 목적으로 취득하는 전용면적 100제곱미터 이하의 주거용

건축물 및 그 부속 토지<sup>주거용 건축물 바닥면적의 7배를 초과하지 아니하는 부분으로 한정</sup>

③ 세제지원 내용

취득세 면제 및 5년간 재산세 면제

### 2) 도시지역 주택의 양도소득세 과세특례

① 특례내용

수도권 밖의 지역 중 읍 또는 면지역에 소재하는 주택<sup>이하 농어촌주택</sup>과 그

밖의 주택<sup>이하 일반주택</sup>을 국내에 각각 1개씩 소유하고 있는 1세대가 일반

주택을 양도하는 경우에는 국내에 1개의 주택을 소유하고 있는 것으

로 보며, 양도소득에 대한 소득세를 과세하지 아니한다.

② 대상

서울, 인천, 경기 밖의 지역 중 읍 또는 면지역에 소재하는 영농 또는

영어의 목적으로 취득한 귀농주택

③ 귀농주택의 요건

귀농주택은 영농 또는 영어에 종사하고자 하는 자가 취득하였거나,

귀농 이전에 취득하여 거주하고 있는 주택으로 다음의 요건을 모두

갖추어야 한다.

- 귀농주택 소재지에 영농·영어에 종사하고자 하는 자와 그 배우자

또는 위의 직계존속의 가족관계등록부의 최초 등록기준지이거나 5

년 이상 거주한 사실이 있는 연고지에 소재할 것. 여기서 가족관계

등록부의 최초 등록기준지는 그 등록기준지가 소재한 읍 또는 면지

역과 그 연접한 읍·면지역을 말한다.

- 주택 및 이에 딸린 토지의 양도 당시의 실지 거래가액의 합계액 [1주택 및 이에 딸린 토지의 일부를 양도하거나 일부가 타인 소유인 경우에는 실지 거래가액 합계액에 양도하는 부분<sub>타인 소유부분을 포함한다</sub>의 면적이 전체 주택면적에서 차지하는 비율을 나누어 계산한 금액을 말한다.]이 9억 원을 초과하지 아니할 것
- 대지 면적이 660제곱미터 이내일 것
- 영농 또는 영어의 목적으로 취득하는 것으로서 다음의 어느 하나에 해당할 것
  • 1,000제곱미터 이상의 농지를 소유하는 자가 당해 농지의 소재지에 있는 주택을 취득하는 것일 것
  • 기획재정부령이 정하는 어업인이 취득하는 것일 것
  • 세대 전원이 이사하여 거주할 것

④ 신청방법

1세대 1주택의 특례를 적용받으려는 자는 1세대 1주택 특례적용신고서를 양도소득세 과세표준 신고기한 내에 다음의 서류와 함께 납세지 관할 세무서장에게 제출하여야 한다.

- 연고지임을 입증할 수 있는 서류
- 어업인임을 입증할 수 있는 서류<sub>해당자에 한함</sub>
- 농지원부 사본<sub>해당하는 경우만 제출한다</sub>

⑤ 사후관리

귀농일부터 계속하여 3년 이상 영농 또는 영어에 종사하지 아니하거나 그 기간 동안 해당 주택에 거주하지 아니한 경우 그 양도한 일반주택은 1세대 1주택으로 보지 아니하며, 해당 귀농주택 소유자는 양도소득세를 신고·납부하여야 한다.

## 농기계 (지방세특례제한법)

① 농업용<sup>영농을 위한 농산물 등의 운반에 사용하는 경우를 포함한다</sup>에 직접 사용하기 위한 자동경운기 등 「농업기계화 촉진법」에 따른 농업기계에 대하여는 취득세를 면제

② 농업용수의 공급을 위한 관정시설管井施設에 대하여는 취득세와 재산세를 면제

## 건강보험료 및 국민보험료 지원

### 1) 건강보험료 지원

① 지원대상자

건강보험 지역가입자<sup>세대</sup> 중 농어촌 및 준농어촌 지역에 거주하면서 농업·축산·임업·어업에 종사하는 자

농어촌 및 준농어촌의 범위<sup>「농어촌주민의 보건복지증진을 위한 특별법」제2조, 제33조</sup>

● 농어촌

− 군郡 및 도농복합 시市의 읍·면

− 시市의 동洞지역 중 주거·상업·공업지역을 제외한 지역

● 준농어촌

– 농업진흥지역

– 개발제한구역

– 개발제한구역 중 개발제한구역에서 해제된 지역으로서 제1종 전용
주거지역, 제1종 일반주거지역, 보전녹지지역, 자연녹지지역 중 하
나에 속하는 지역. 단 당해 지역 주변에 소재하는 농경지가 개발제
한구역으로 존치하는 경우

–「보금자리주택건설 등에 관한 특별법」제17조에 의해 보금자리주택
지구계획승인을 받아 개발제한구역에서 용도 변경된 지역으로서
보상이 완료되지 않은<sub>보상에 이의가 있는 경우 공탁 전까지</sub> 지역. 단 기존에 건
강보험료를 지원받던 농어업인을 대상으로 한다.

③ 농·어업인의 범위

● 농업·어업의 개념

| 구분 | | 내용 | 관련규정 |
|------|------|------|----------|
| 농업 | 농작물 | 식량작물·채소작물·과실작물·화훼작물·특용작물·약용작물·버섯·양잠업 및 종자·묘목 재배업(임업용 종자·묘목 재배업은 제외) | 농어업·농어촌 및 식품산업 기본법 시행령 제2조 묘목 재배업은 제외 |
| | 축산업 | 동물(수생동물은 제외)의 사육업·증식업·부화업 및 종축업 | - |
| | 임 업 | 육림업(자연휴양림·자연수목원의 조성·관리·운영업을 포함) 임산물 생산·채취업 및 임업용 종자·묘목 재배업 | - |
| 어 업 | | 수산동식물을 포획·채취하거나 양식하는 산업, 염전에서 바닷물을 자연 증발시켜 제조하는 염산업 및 이들과 관련된 산업 | 농어업·농어촌 및 식품산업 기본법 제3조 나항 |

## ● 농·어업인의 범위

| 구분 | 내용 | 관련규정 |
|------|------|----------|
| 농업인 | 1. 1천 제곱미터 이상의 농지(농어촌 정비법 제84조에 따라 비농업인이 분양받거나 임대받은 농어촌주택 등에 부속된 농지는 제외한다)를 경영하거나 경작하는 사람<br>2. 농업경영을 통한 농산물의 연간 판매액이 120만 원 이상인 사람<br>3. 1년 중 90일 이상 농업에 종사하는 사람<br>4. 농·어업경영체 육성 및 지원에 관한 법률 제16조 제1항에 따라 설립된 영농조합 법인의 농산물 출하·유통·가공·수출활동에 1년 이상 계속하여 고용된 사람<br>5. 농·어업경영체 육성 및 지원에 관한 법률 제16조 제1항에 따라 설립된 영농조합 법인의 농산물 출하·유통·가공·수출활동에 1년 이상 계속하여 고용된 사람 | 농어업·농어촌 및 식품산업 기본법 시행령 제2조 |
| 임업인 | 1. 3헥타르 이상의 산림에서 임업을 경영하는 자<br>2. 1년 중 90일 이상 임업에 종사하는 자<br>3. 임업경영을 통한 임산물의 연간 판매액이 120만 원 이상인 자 | 임업 및 산촌 진흥 촉진에 관한 법률 시행령 제2조 제1호 ~ 제3호 |
| 어업인 | 1. 어업경영을 통한 수산물의 연간 판매액이 120만 원 이상인 사람<br>2. 1년 중 60일 이상 어업에 종사하는 사람<br>3. 농·어업경영체 육성 및 지원에 관한 법률 제16조 제2항에 따라 설립된 영어 조합법인의 수산물 출하·유통·가공·수출활동에 1년 이상 계속하여 고용된 사람<br>4. 농·어업경영체 육성 및 지원에 관한 법률 제19조 제3항에 따라 설립된 어업회 사법인의 수산물 유통·가공·판매활동에 1년 이상 계속하여 고용된 사람 | |

## 2) 연금보험료 지원

### ① 지원대상자

- 국민연금 지역가입자<sup>당연/특례</sup> 및 지역임의계속가입자 중 농·어업인

- 「국민연금법 시행령」 제57조 제1항에서 정하고 있는 농업인으로 「농

어업·농어촌 및 식품산업기본법」제3조 제2호 규정에 해당하는 자

② 제외대상

– 「국민연금법 시행령」 제57조 제3항 각목에 해당하는 농·어업인

– 농·어업에서 발생한 소득보다 그 외의 소득이 많은 자

– 농·어업에서 발생한 소득을 합산한 액을 제외한 연간 소득액이 전
  년도 평균 소득월액 12배에 해당하는 금액을 초과하는 자

– 농어업에 종사하지 않는 자

③ 지원내용

농어업인에 대해 보험료의 50% 지원. 신고 소득이 91만 원을 초과할
경우 정액(40,950원/월) 지원. (다만, 농외 소득이 농업 소득보다 많은
사람은 지원 제외)

④ 신청 방법

– 「국민연금법 시행규칙」(별지 제25호 서식)에 의한 '국민연금 확인서
  (농어업인 보험료 지원)'에 의하여 신고(제출)하되, 다음의 경우에
  는 동 서식에 의한 신고(제출) 생략

● 농업경영체 등록, 농지원부, 축산업 허가 및 등록, 어업 면허를 받
  은 자, 어업권을 등록한 자, 어업의 허가를 받은 자 및 어업의 신고
  를 한 자(맨손어업 포함)

  ※ 축산업 등록의 경우 2013. 2. 20.자로 일부 개정되기 이전의 「축산법 시행령」 제13조에
    따라 등록대상이 되는 축산업의 시설규모를 충족하는 경우로 한정

# 농어촌 주민의 보건복지 증진을 위한 특별법

제27조(건강보험료의 지원) ① 국가는 농어민이 「국민건강보험법」 제69조에 따라 부담하여야 하는 보험료 중 100분의 50 이내의 금액(같은 법 제75조 제1항 제1호에 따라 경감되는 보험료를 포함한다)을 예산의 범위 안에서 지원할 수 있다. 〈개정 2006.12.30, 2011.12.31.〉 ② 제1항의 규정에 의한 보험료의 지원율 등에 관하여 필요한 사항은 대통령령으로 정한다.

제31조(국민연금보험료의 지원) 국가는 농어민이 「국민연금법」 제88조 제3항에 따라 부담하여야 하는 국민연금 보험료 중 100분의 50 이내의 금액을 동법이 정하는 바에 따라 예산의 범위 안에서 지원할 수 있다. 〈개정 2007.7.23.〉

# 농업 전문가 지원 활용 방안

## 강소농 민간 전문위원 활용

농촌진흥청에서는 2011년부터 한국농업의 경영규모가 경쟁국에 비해 작지만 경영목표를 지속적으로 달성하는, 작지만 강한 농업 경영체인 강소농 프로젝트를 운영하고 있다. 이러한 강소농 사업에 참여하려면 시/군 농업기술센터에 신청을 하면 된다. 신청농가에 대하여 경영체 진단을 통해 경영혁신 목표를 설정해 주고 이 목표에 도달하는 방안을 구체적으로 수립하여 실천할 수 있도록 역량강화 향상을 지속적으로 지원하고 있다. 이를 위하여 분야별 전문가 집단인 강소농 민간 전문위원을 선발하여 강소농 현장 지원단을 운영하고 있으니 귀농인들도 해당 시·군 농업기술센터에 강소농 등록을 하고 교육을 이수하면서 전문가들의 컨설팅을 요청할 수 있다.

## 강소농 기술지원을 위한 민간전문가 컨설팅 요청서

| 소속 | | | 일시 | 희망분야 (위원명) | 컨설팅 신청자 현황 | | | | | 컨설팅 요구사항 |
|---|---|---|---|---|---|---|---|---|---|---|
| 센터명 | 담당자 | 전화 | | | 성명 | 주소 | 전화번호 | 작목 | 면적 | |
|  |  |  |  |  |  |  |  |  |  |  |
|  |  |  |  |  |  |  |  |  |  |  |

### 6차 산업화 현장코칭 전문가 활용

농림축산식품부에서는 생산된 농산물[1차 산업]을 가공해 유통판매[2차 산업]하거나 체험관광[3차 산업]과 결합해 농업인들의 부가가치를 향상시키는 6차산업경영체를 육성하고 있다.

이러한 농업의 6차산업화를 촉진하기 위하여 각 도에 6차산업 활성화 지원센터를 운영하면서 분야별 전문가를 현장 코칭 위원으로 위촉하

강소농 민간전문가 현황

컨설팅 장면

여 컨설팅을 실시하고 있다. 따라서 귀농인들도 농장여건에 따라 각 도
6차산업 활성화 지원센터에 신청하여 현장 코칭을 받을 수 있다. 다만
현장 코칭 신청 시 절차에 따라 코칭비의 일부로 10만 원(20%) 정도를
부담해야 한다.

6차산업

| 구분 | 2015년 | 2016년 | 2017년 | 2018년 이후 |
|------|--------|--------|--------|-------------|
| 합 계 | 1,000 | 1,500 | 2,500 | 2,500 |
| 융 자 | 1,000 | 1,500 | 2,500 | 2,500 |

# 현장코칭 전문분야

| 분야 | 대상 지원분야 | |
|---|---|---|
| 경영 | 경영전략 | 경영전략, 품질경영, 환경경영 등 |
| | 마케팅 | 마케팅, 시장조사, 유통채널, 식품 소비 트렌드 등 |
| | 홍보 | 스토리텔링, SNS 등 활용 홍보방안 |
| | 재무 | 재무분석, 세무·회계관리 등 |
| | 생산성 향상 | 생산관리, 원가분석 등 |
| | 지적 대상권 | 특허출원 및 등록, 기술 보호 자문, 지적재산권 관리 등 |
| | 디자인 | 브랜드, 포장 디자인 개선 방안 등 |
| | 농촌관광 | 지역관광 창업, 체험프로그램 개발 자문, 인테리어 등 |
| | 수출 | 나라별 소비트렌드, 생산제품별 해외 유통채널 확보 방안 자문, 할랄인증, 원산지표시 등 |
| | 법률 | 창업 관련 법인등록 등 법률 자문 |
| 기술 | 제품개발 | 신제품 개발 등 |
| | 공장신축·증축 | 생산시설 개선(신축, 증·개축, 동선 개선 등) |
| | 품질관리 | 생산시설 개선(신축, 증·개축, 동선 개선 등) |
| | 법규준수 | HACCP, 식품안전관리 등 |
| | 위생관리 | 식품 관련 법규 이해 및 준수방법 등 |
| | 가공기술 | 가공기술 검토 및 진단, 개선방안 상담 및 지도-농축, 살균, 여과, 냉장 및 냉동, 저장기술 등 |
| | 공정개선 | 제조공정의 검토 및 진단, 개선방안 상담 및 지도 -생산능력 저하요인 규명, 기계장비의 효율성 평가, 생산설비의 재배치, 제품생산 자동화 등 |
| | ICT | 전산화, SNS활동, 소핑몰 구축·운영 등 |
| | | 메뉴 개선 및 개발, 농가레스토랑 개설 및 운영 등 |
| 기타 | | 상기 분야 외 코칭이 필요하다고 인정되는 분야 |

현장코칭 장면

농산물을 생산만 하면 팔리던 시대가 있었다. 먹거리가 부족했던 70년대 이전까지는 먹거리의 자급자족이 중요했기 때문에 다수확이 농정의 최대목표였다. 그래서 통일벼로 상징되는 다수확 벼 품종이 육종되었고 이를 집중 보급하여 식량자급을 달성했다. 그것은 소위 녹색혁명이라 불릴 만큼 획기적인 일이었다. 하지만 생산되는 농산물이 점점 공급을 초과하게 되자 농업인들도 소비자들의 욕구 변화에 맞추어 농산물을 생산하는 지혜가 필요하게 되었다. 소비자들의 욕구에 맞추기 위해서는 우선 새로운 작목을 찾기보다는 기존 재배 작물에서 소비자 기호에 맞게 새롭게 육종된 품종을 찾는 것이 중요하다. 그리고 소비자들이 요구하는 친환경 농산물, 간편히 먹을 수 있는 농산물, 용도별 맞춤 농산물, 지역에서 생산이력이 확보된 로컬 푸드, 신뢰받는 농업인이 운영하는 인터넷 판매 농산물 등 다양하게 생산하는 지혜도 요구된다.

특히 귀농하여 새롭게 창농하는 사람들은 어떤 작목을 선택해야 할지 작목 선택에 가장 큰 어려움을 겪는다. 게다가 이러한 심리를 이용해 일부에서는 돈 버는 농산물이라며 유통이나 이용이 검증되지 않은 작목이나 품종을 선전하는 사례도 빈번하여 많은 시행착오를 겪기도 한다.

귀농인들의 작목선택에 도움이 되고자 그동안 일선 현장에서 수많은 농업인들을 컨설팅하면서 터득한 '소비자들이 요구하는 농산물'이 무엇인지를 소개하려고 한다. 첫 번째가 귀농하는 지역의 지역특산물이고, 두 번째가 일(1)코노미 시대에 맞는 작은 사이즈로 먹기 쉬운 농산물이다. 그리고 로컬 푸드와 같이 생산자와 생산방법 등이 고시된 생산이력제가 포함된 안전한 농산물 등이 대안이 될 것이다.

# 제5장
# 소비자들이 찾는 농산물
## (작목 선택 시 착안 사항 )

# 지역 특산물

최근 북한의 핵미사일에 대응하기 위해 사드$^{THAAD:고고도 미사일 방어 체계}$가 경북 성주 지역에 배치되었다. 성주 시민들은 사드 반대 현수막을 내걸며 격렬히 반대했다. 현수막 내용 중에서 '성주 참외 다 망한다'라는 내용이 유독 눈에 띄었다. 성주의 대표적인 특산물이 참외이기 때문이다. 우리나라 재래시장이나 가로변 이동식 판매 트럭에서 파는 참외 중에는 '성주 참외'가 매우 많다. 그것은 곧 참외 하면 성주 참외가 대한민국의 참외를 대표하는 특산물로 정착하였음을 의미한다.

성주에서 참외가 유명한 데에는 이유가 있다. 기후와 토양조건이 참외재배에 적당하고, 지역 재배 농업인들의 오랜 경험과 재배기술의 노하우가 축적되었기 때문이다. 그리고 해당 지방자치단체들의 적극적인 육성정책도 지역 특산물 생산에 한몫했을 것이다.

재배환경과 농민들의 재배 노하우, 자치단체의 정책이 어우러져 만들어낸 지역특산물은 지역의 경제를 좌우할 만큼 중요한 작물이기 때문에 귀농인들이 지역의 특산물 생산에 동참하는 것도 시행착오를 줄이는 지름길이 될 것이다.

지역 특산물 정보는 해당지역의 농업기술센터 홈페이지나 농정부서에서 얻을 수 있다.

안성 포도와 여주 고구마

## 2

# 일(1)코노미 시대에 알맞은 작은 농산물

과거에는 좋은 농산물의 기준이 큰 사이즈의 농산물이었다. 사이즈가 크면 가격이 좋아 소득이 높아지기 때문에 농업인들은 그만큼 더 대우를 받았다. 그래서 대부분 사이즈를 크게 하는 농산물의 생산기술에 집중했다.

하지만 지금은 1인 가구 수가 27.1%, 2인 가구가 26.2%로 1~2인 가구가 53.3% 이상으로 늘고 있고, 생활습관도 혼족, 혼식 등이 일반화되고 있는 시대다. 이러한 추세는 앞으로도 지속될 전망이라고 하니 이에 맞추어 1인 또는 소가족이 한 번에 간단히 소비할 수 있는 농산물 생산이 필요하다. 즉 편의점에서 편리하게 구입할 수 있는 농산물, 등산이나 학교급식, 뷔페 등에서 간단히 먹을 수 있는 미니 사이즈의 농산물을 요구하는 시대가 된 것이다.

따라서 우리 농업인들도 이러한 소비자 요구에 맞추어 작은 사이즈의 농산물 생산이 가능한 품종을 도입하는 것이 무엇보다 중요하다.

대표적으로 미니사과, 작고 껍질째 먹을 수 있는 배, 편의점에서 쉽게 구입해서 한 번에 먹을 수 있는 복숭아, 포도, 그리고 등산이나 레저용 간식으로 간편히 먹을 수 있는 생대추, 자두, 미니 토마토, 소가족이 한

## 〔천자춘추〕일(1)코노미 해의 시작
### 김완수 경기도 농업기술원 강소농 전문위원

우리나라의 커다란 변화를 맞이하는 2017년에 일(1)코노미의 해가 시작된다. 일코노미란 '1인'과 '이코노미'의 합성어로 1인 가구가 증가하여 경제소비패턴이 바뀌는 것으로 올해부터 본격적으로 시작된다고 한다. 통계청에서 지난해 12월 19일에 발표한 '2015 인구주택 총 조사' 결과에 따르면 우리나라의 1인 가구 수는 520만 가구로 전체 가구 수의 27.2%를 차지하였고 10년 후인 2025년에는 31.3%까지 늘어난다는 전망이다. 게다가 2인 가구 수도 27.1%로 1~2인 가구 수는 53.3%로 절반 이상이 소가족형태로 바뀌었다. 이러한 추세는 앞으로도 계속 늘어날 전망이다. 홀로 사는 혼족이나 자녀 없이 부부만이 생활하는 핵가족시대의 라이프 스타일도 상당한 변화가 도래한다. 제일 먼저 식품소비형태가 눈에 띄게 변하고 있다. 1~2인 가구는 용량이 많은 식제품을 구입하면 다 먹지 못하고 보관도 어려워 처치곤란을 겪는 경우가 다반사이기 때문에 용량이 적은 식품을 구입하는 것은 당연한 일이다.

그래서 식음료업계에서는 1인 가구를 타깃으로 용량이 적은 신상품 개발에 돌입한 상태고 유통업계도 혼자 거주하는 이들이 늘어나면서 근처 편의점에서 간단하게 끼니를 해결하거나 소량으로 물품을 구매하면서 편의점이 늘어나고 있다. 이에 따라 농촌진흥청을 비롯한 각 도 농업기술원, 각 시군 농업기술센터로 이어지는 농촌진흥기관에서도 최근 농식품 키워드를 '미니', '믹스', '프레시'로 요약하고 미니과일, 미니채소 생산기술을 중점 보급하고 있다.

과일의 경우 기존 대과(큰 과일) 위주에서 '소비자 선호형 중소과 생산 시범사업'으로 전환하였고 수박, 참외 등 과채류도 애플수박, 방울참외, 미니오이, 방울 토마토 등 작은 열매채소 생산으로 변하고 있다. 이를 위해 도내 사과, 배, 포도, 복숭아 연구회와 지역별 강소농 자율모임체 등을 통해 사과는 루비엑스, 알프스 오토메, 가을스타 등 미니사과 품종을, 배도 소원, 신화, 조이스킨, 그린시스 등 작거나 껍질째 간편히 먹을 수 있는 품종으로 확대보급하고 복숭아의 경우도 과육이 다소 단단하고 작은 편의점용 사이즈 생산, 포도의 경우는 샤인 머스켓 등 3색 포도 중점 보급, 채소의 경우도 애플수박, 미니 양배추 등 작은 신선 채소류 생산기술 보급에 치중하기로 하였다. 이에 맞춰 우리 농업인들도 소비자가 선호하는 미니과일, 미니양파, 방울토마토, 미니양배추, 미니오이, 애플수박, 방울참외 등 작은 채소류 생산에 관심을 갖고 일(1)코노미 시대에 대비할 때이다.

〈경기일보 기고(2017.1.2.)〉

번에 다 먹을 수 있는 애플수박 등을 들 수 있다.

## 사과 ― 용도별 선호 크기에 맞는 사과

사과는 우리나라의 대표적인 과일로서 선물용으로 많이 소비된다.

대표적인 품종은 후지라고 할 수 있다. 하지만 후지는 만생종으로 추석이 빠른 해에는 추석사과로 육종된 홍로, 자홍, 아리수 등이 일부 보급되고 있다. 필자도 오랫동안 추석 사과 보급에 일조하였다.

그러나 최근에는 주머니에 넣고 다니며 간편히 먹을 수 있는 미니사과를 요구하는 소비자가 늘고 있는 추세다. 그래서 사과를 재배할 때는 선물용 50%, 미니사과 50% 정도로 안배할 것을 권한다.

### 미니사과

루비에스(RUBY- S)　　　　　　　알프스 오토메

### 1) 소비자가 선호하는 사과

① 가정용으로는 중소과 선호(83%)도 높아져

－ 제수용과 선물용은 대과 선호(제수용 82%, 선물용 70%)

② 소비자가 원하는 사과는 단단한 사과, 당도가 높은 사과, 친환경
  재배 사과, 중소과 순

## 2) 미니사과 특성

| 시험계통 | 숙기 | 과중(g) | e당도('Bx) | 산도 | 경도 | 상온저장성 | 수확전 낙과 |
|---|---|---|---|---|---|---|---|
| 루비 · 에스 | 8/27 | 86 | 13.9 | 0.49 | 4.5 | 강 | 무 |
| 알프스오토메(대조) | 9/28 | 37 | 13.4 | 0.53 | 4.4 | 하 | 유 |

## 3) 사과 재배력

| 구분 | 1월 상 중 하 | 2 상 중 하 | 3 상 중 하 | 4 상 중 하 | 5 상 중 하 | 6 상 중 하 | 7 상 중 하 | 8 상 중 하 | 9 상 중 하 | 10 상 중 하 | 11 상 중 하 | 12 상 중 하 |
|---|---|---|---|---|---|---|---|---|---|---|---|---|

**생육기**
자발휴면  타발휴면  발아,전엽  개화  화이분화  성숙 착색  자발휴면
생장비대

**주요 작업**
정지, 전정  수분  적화, 적과  봉지씌우기  봉지제거, 잎따기
초생관리(예초)
기비, 토양개량  추비  하계전정(도장지 제거, 유인)  추비
병 해충 방제
조생종 수확  중생종 수확  만생종 수확

**기상 재해 및 예상되는 문제점**

| 개화기 저온, 강우, 고온 | 여름철 가뭄, 고온 | 장마 | 태풍 |
|---|---|---|---|
| 결실불량 | - 생육 및 과실비대 불량, 일소피해<br>- 진딧물, 응애방제 | - 습해<br>- 병해충 다발생 | - 낙과, 도복 |

**주요 기술**

| 병해충 방제 | 병 : 겹무늬썩음병, 탄저병, 갈색무늬병, 반점낙엽병, 부란병<br>충 : 진딧물, 응애, 잎말이나방, 삼식나방, 굴나방 |

■ 묘목 심기
• 재식시기 : 봄심기
• 재식거리

| 지력 | 품종 | 재식거리(m) | 재식주수(주/10a) |
|---|---|---|---|
| 중 | 쓰가루 등 | 3.2 × 1.2 | 260 |
|  | 후지 | 3.6 × 1.5 | 190 |
| rh | 쓰가루 등 | 3.8 × 1.5 | 190 |
|  | 후지 | 3.8 × 1.8 | 146 |

• 수분수 혼식
  – 재배품종의 경우는 5열중 1열씩 배치
  – 꽃사과 : 이웃 열과 다이아몬드형으로
    10-13주 건너 나무 사이 배치

• 토양개량 목표

| 항목 | 목표치 |
|---|---|
| 유효토심 | 60cm 이상 |
| 지하수위 | 1m 이하 |
| 토양산도 | pH 6.0~6.5 |
| 염치기환용량 | 15~20 cmol/kg |
| 염기포화도 | 60~80% |
| 유기물 | 3% 이상 |
| 인산 | 200~300ppm |
| 마그네슘 | 1.5~2cmol/kg |
| 칼슘 | 5~6cmol/kg |
| 붕소 | 0.3~0.5ppm |

• 시비

| 대목 | 성분 | 웃거름 1 | 2 | 3 | 4 | 5 | 6 | 7 년 이후 |
|---|---|---|---|---|---|---|---|---|
| M.9 | 질소 | 20 | 50 | 100 | 150 | 180 | 220 | 250 |
| M.26 | 인산 | 25 | 25 | 50 | 75 | 90 | 110 | 125 |
|  | 칼라 | 40 | 40 | 80 | 120 | 150 | 180 | 200 |

* 성목 : N.P.K=12–15:6–8:10–12kg/10a

• 관수

| 토양 | 관수량 | 관수간격 |
|---|---|---|
| 사질 | 20mm | 4일 |
| 양토 | 30 | 7 |
| 점토 | 35 | 9 |

# 〈기고〉 최근 소비자가 선호하는 농산물① '미니사과'

  금년도 상반기 동안 계속되던 긴 가뭄이 7월 들어서는 첫날부터 단비가 내리면서 장마로 접어들었다. 농심을 태우던 가뭄도 이제 해갈이 되는 양상이다. 가뭄 대책에서 곧바로 장마 대비로 전환되는 시기가 될 모양이다. 지난해 연말부터 터진 국내 정치상황의 변동으로 정권교체와 새 대통령 선출까지 많은 일들이 금년 상반기에 숨 가쁘게 진행되었다. 게다가 유사 이래 최대의 AI발생 사태, 가뭄 등으로 이어져 온 농촌현실은 많은 고통을 감수하였다. 이런 역동 속에 농업인 교육 분야도 정상적으로 진행되지 못하고 연기되어 6월이 되면서 못다 한 교육이 일제히 시작되면서 많은 교육을 소화하게 되었다. 특히 베이비 붐 세대의 은퇴와 귀농·귀촌 희망자들의 증가로 귀농·귀촌교육에 대한 출강요청이 많았다. 공무원 연금공단에서 매년 실시하는 퇴직 예정자 교육, 교육전문기관 회사에서 추진하는 현대자동차 퇴직 예정자 귀농·귀촌교육, 경찰청 퇴직 예정자 귀농·귀촌교육에 참여하였다. 또한 강소농 참여자들과 6차산업 인증 희망자들의 컨설팅도 배가되는 분위기이다.

  교육이나 컨설팅을 시작하는 날에는 매일 실시하는 새벽운동으로 인근 구봉산 정상에 올라 가족과 자신의 건강을 기원하며 교육 대상자들에게도 꼭 전해 주고 싶은 말을 상기하게 된다.

  "오늘 교육에서도 귀농·귀촌 예정자들에게 도움이 될 수 있는 두 가지 정도 정보를 전할 수 있도록 지혜를 주십시오"라고 외치고 가는 버릇이 생겼다.

  교육진행을 하면서 특히 관심을 갖는 것은 무엇보다 귀농하여 무슨 작목을 심을까 하는 고민이다. 이에는 누구도 답을 줄 수 없기에 귀농자 작목 선택 강의는 그만큼 어렵다. 하지만 그동안의 경험과 소비자 트렌드를 분석하여 조심스럽게 답을 주고 있다.

  소위 '최근 상담이 늘어나고 있는 작목'이란 내용으로 우선은 귀농지역의 특산물 정보를 정확히 파악하여 연구회 활동에 동참하기를 권한다.

  다음으로는 최근 소비자가 원하는 농산물을 생산하는 것이 중요하다. 금년 1~2월 투고한 '일(1)코노미 해의 시작'('17.1.2, 경기일보)'과 '일(1)코노미 시대에는 작은 농산물을 생산해야…'17.1.12, Volunteer news), '나 홀로 라이프 시대', '농산물 생산전략도 바꾸어야…'('17.1.24, 중부일보)', '일(1)코노미 시대 농산물 생산전략'('17.2.13, 여주신문)' 등을 제시하며 우리나라의 가구가 1~2인이 반이 넘는 시대에 소비자들이 편의점에서 한 번에 간편히 소비할 수 있는 작은 농산물에 관심을 갖도록 조언한다. 작은 농산물 중에 우선 미니사과가 있다.

  우리나라의 사과 농사는 후지 품종을 편중 재배되어 수확시기가 늦게 편중되고 대과 위주로 생산하는 기술이 고착되었으나 이제 소비자는 작은 사과를 찾는다. 이에 착안하여 자홍이나 홍로, 아리수 등 추석사과를 30% 이상 생산할 수 있도록 품종을 다양화하고 소비자가 간편히 먹을 수 있는 미니사과에도 관심을 가질 필요가 있다. 현재는 알프스 오토메라는 품종이 미니사과로 소개되고 있다. 알프스 오토메는 기존 과원의 수분수(꽃가루 제공나무)로 재식하던 사과로 과일 크기가 30~40g 정도로 9월 하순경에 생산하는 미니사과로 상품화한 것이다. 최근에는 농촌진흥청에서 미니사과 전용품종으로 루비-에스 품종을 개발 보급하여 인기를 끌고 있다. 과일 크기가 86g 정도로 기존 알프스 오토메보다 다소 크고 8월 말에 생산되기 때문에 간편식으로 인기가 많다. 포천시의 경우 포천의 대표 사과를 루비-에스로 정하고 집중 보급하고 있는 사례는 귀감이 되고 있다. 농촌진흥청과 경기도 농업기술원과 연계하여 미니사과 단지를 유치하고 사업비 4억까지 확보하였으니….

  여주시 재직 시 미니사과 재배단지사업을 최초로 추진하며 '미니플' 포장재(1kg)까지 개발하여 상표등록까지 하고도 지속하지 못한 큰 아쉬움이 남는다.

  하지만 지난 7월 3일 경기도 농업기술원에서 개최한 '농업인과 함께 짜는 공감예산 2018년 농촌지도사업'설명회 자료에 소비자 선호형 고품질 중소과 생산시범(2개소, 2억)과 미니사과 생산단지 조성시범(4개소, 8억)은 반가운 정보이다. 관심을 가져 보자!

여주신문  yeoju@yeojunews.co.kr

〈여주신문 기고(2017.7.10)〉

## 껍질째 먹을 수 있는 작은 배

우리나라와 중국, 일본 등에서 생산되는 생식용 배는 상당히 우수한 과일로 예로부터 고급과일로 인식되었다. 그렇기 때문에 제수용과 선물용으로 으뜸 과일이었다. 이에 배 재배 농업인들은 대과 위주의 생산기술로 속칭 1다이 배(11~19개/15kg 상자) 생산에 주력해 왔다.

하지만 추석이 빠른 해에는 지베렐린을 도포하여 크게 만든 맛없는 배를 생산해 소비자들에게 외면을 받았다. 게다가 커다란 배를 한 번에 소비할 수 없는 소가족화로 먹다 남은 배의 보관문제가 생겨났고, 제사까지 안 지내는 경우가 발생하여 배 소비는 급격히 줄고 있는 실정이다. 따라서 과거와 같이 신고 위주의 대과 생산 배 농사에서 벗어나 추석용 배, 선물용 배 품종도 안배하고 껍질째 먹을 수 있는 작은 배 품종도 도입하여 돌파구를 찾아야 한다.

### 1) 소비자가 선호하는 배

① 용도별 선호 크기에 맞는 배 생산

- 가정용으로는 중과(49.2%), 중소과(36.6%)

- 제수용과 선물용은 대과(제수용 75.1%, 선물용 59.1%)

② 소포장 형태 : 가정용, 제수용 (낱개 1~2개), 선물용 7.5kg

※ 소비 저해 요인 : 지베렐린 사용 배, 비싼 가격, 낮은 당도, 지나치게 큰 크기, 껍질 불편 순

# 미니 배

껍질째 먹는 소형배

테니스공 만한 예스 쿨 품종

## 주요 신품종 배 특성

| | | |
|---|---|---|
| **소원** | 추황배 × 풍수<br>2014년(최종선발)<br>2015년(실시예정) | 이른추석에 적합한 중소과<br>숙기 : 9월상순<br>당도 : 12.8°Bx<br>과중 : 420g<br>- 당산이 적절히 조화<br>- 꽃눈유지성이 좋음 |
| **조이<br>스킨** | 황금배 × 조생적<br>2011년(최종선발)<br>2012년(품종출원)<br>재배심사 | 껍질째 먹는 배<br>숙기 : 9월상순<br>당도 : 15.2°Bx<br>과중 : 320g<br>- 껍질이 얇고 식미가 우수<br>- 팬시형, 금식용 과실로 기대 |
| **설원** | 만풍배 × 수황<br>2010년(최종선발)<br>2013년(품종등록)<br>보호등록 | 조각과실용 배<br>숙기 : 9월상순<br>당도 : 15.236°Bx<br>과중 : 523g<br>- 깎아두어도 과육색이 변하지 않<br>아 신선면 이용으로 적합 |
| **슈퍼<br>골드** | 추황배 × 만풍배<br>2008년(최종선발)<br>2011년(품종예정)<br>보호등록 | 달콤하고 차진 식감의 배<br>숙기 : 9월상순<br>당도 : 13.6°Bx<br>과중 : 570g<br>- 녹황색 과피 뛰어난 식감<br>- 미래시장 예측 품종 |

| 만풍배 | 풍수 × 만삼길<br>1997년(최종선발)<br>2000년(품종등록)<br>보호등록 | 풍미가 우수한 고품질 배<br>숙기 : 9월하순<br>당도 : 13.3°Bx<br>과중 : 770g<br>- 뛰어난 식미감으로 소비자에게 사랑받고 있는 품종 | |
| :--- | :--- | :--- | :--- |
| 그린시스 | 황금배 × 바틀렛<br>2012년(최종선발)<br>2013년(품종출원)<br>재배심사 | 검은별무늬병 저항성 배<br>숙기 : 9월중하순<br>당도 : 12.3°Bx<br>과중 : 468g<br>- 동양배와 서양배 종간 잡종<br>- 유기재배 등 친환경 재배에 적합 | |
| 만황 | 추황배 × 만삼길<br>2016년(최종선발)<br>2010년(품종등록)<br>보호등록 | 저장성이 강한 만생종 배<br>숙기 : 10월하순<br>당도 : 14.0°Bx<br>과중 : 560g<br>- 상온 보구력 90일 정도<br>- 저온저장시 익년 7일까지 저장가능 | |

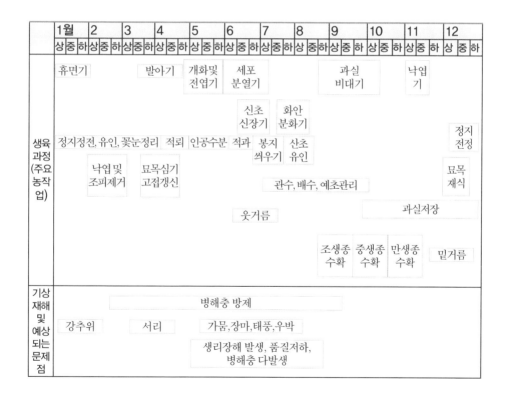

## 포도 — 껍질째 먹는 포도

한·칠레 FTA 이후부터 포도 수입량의 증가, 판매가격의 불안, 껍질째 먹는 포도의 소비자 선호 증가 등으로 포도 재배면적은 지속적으로 감소했다. 결국 2016년에 노지포도와 시설포도가 FTA피해보전 직접지불폐업지원 지급품목으로 지정되면서 포도 농가의 불안감은 가중되고 재배 면적도 반으로 줄어들었다.

농촌진흥청의 소비자패널 자료를 활용하여 2010년부터 포도의 소비 트렌드 변화를 분석한 결과 최근 7년간(2010~2016) 가구당 연간 포도 평균 구매액은 59,050원, 연간 구매 회수는 5.7회, 구매 가구 비율은 99.7%였으며, 연간 구매량은 8.8kg으로 추정되었다.

가구당 포도 구매액은 2013년 이후 지속적으로 감소하고 있으나, 수입포도 유통 시기인 4~5월 구매액은 증가하고 있다. 수입포도의 호감도(5점 만점)는 3.37점으로 20대에서 가장 높았으며, 수입포도 중에서 톰슨 시들레스, 크림슨 시들레스의 선호가 가장 높았고, 선호하는 이유는 씨가 없고 껍질째 먹을 수 있기 때문으로 나타났다.

한·칠레 FTA 이후 지난 10여 년간 포도 농가들은 수량성 증대, 비용 절감을 통해 생산성을 높여왔으며, 수입포도와 유통시기가 비슷한 조기가온 포도농가들은 가온시기를 늦추어 경쟁을 피해 왔다. 소비자들이 선호하는 포도는 당도가 높거나 단맛과 신맛이 적절히 조화된 포도, 색깔이 어둡고 진하고 타원형의 씨가 없고, 껍질째 먹을 수 있는 포도로 나타났다. 때문에 우리나라의 주품종인 캠벨얼리 가격이 수입포도보다 가격이 낮게 형성되기 시작하여 선진농가들을 중심으로 젊은 층을 겨냥한 샤인 머스켓 등 고급품종으로 대체되고 있는 실정이다.


1) 소비자가 선호하는 포도

① 신맛(1.7%)보다 단맛(54.4%), 단맛과 신맛의 조화(42.7%)를 선호

② 껍질째 먹는 포도 매우 선호(62.7%)

③ 씨 없는 포도 선호도 압도적(83.2%)

④ 원형(26.8%)보다 타원형(42.2%)을 더 선호

⑤ 자흑색(53.6%), 자적색(20.5%)을 선호하고, 젊은 층은 녹색 선호
도가 상대적으로 높음

⑥ 밝은 색(2.5%)보다는 어두운 색(79.0%)을 더 선호하며, 젊은 층은
밝은 색 선호도가 상대적으로 높음

⑦ 색깔이 진한 포도를 선호(53.8%), 젊은 층은 연한 색 선호도 높음

⑧ 폭스향을 선호하지만 상관 안 하는 소비자도 많음. 젊은 층은 머스
켓향 선호도가 상대적으로 높음

☞ 당도가 높고, 어두우며 진한 색깔을 가진 무핵의 껍질째 먹는 포도
의 선호도가 높음


2) 주요 품종 특성

① 샤인 머스켓Shine Muscat : 일본, 과립 12~14g, 황록색, 당도
20Brix, 수세 강

② 썸머블랙Summer Black : 일본, 과립 3g, 진흑색, 당도 20Brix, 수세
강건, 무핵

③ 베니 발라드<sup>Beni Balad</sup> : 일본, 과립 12g, 선홍색, 당도 20~23Brix, 수세 강

④ 로자리오 비앙코<sup>Rosario Bianco</sup> : 일본, 과립 8~14g, 황록색, 당도 20~21Brix, 수세 강

⑤ 리자마트<sup>Rizamat</sup> : 구소련, 과립 13g, 자적색, 당도 18Brix, 수세 강

⑥ 골드 핑거<sup>Gold Finger</sup> : 일본, 과립 6~8g, 황록색, 당도 19~22Brix, 수세 강

⑦ 매니큐어 핑거<sup>Manicure Finger</sup> : 일본, 과립 13g, 자홍색, 당도 18~19Brix, 수세 강

⑧ 천산天山 : 일본, 과립 25~30g, 황록색, 당도 20Brix, 수세 강

⑨ 나가노 퍼플<sup>Nagano Purple</sup> : 일본, 과립 10~13g, 자흑색, 18~21Brix, 수세 강

⑩ 흑보석<sup>Heukbosek</sup> : 한국, 과립 11g, 청흑색, 당도 18Brix, GA처리 무핵화 가능

⑪ 홍주씨들러스 : 한국(품종보호 심사 중), 적색, 과립 5.4g, 당도 18.4Brix, 무핵

⑫ 빅델라<sup>Big Dela</sup> : 한국, 과립 5g, 적색, 당도 18~20Brix, 생력적, 수세 강

| 경조정 | 로자리오 비앙코 | 네헬레스콜 | 샤인머스켓 |

## 3) 포도 재배력

| 구분 | 1월 상 중 하 | 2 상 중 하 | 3 상 중 하 | 4 상 중 하 | 5 상 중 하 | 6 상 중 하 | 7 상 중 하 | 8 상 중 하 | 9 상 중 하 | 10 상 중 하 | 11 상 중 하 | 12 상 중 하 |
|---|---|---|---|---|---|---|---|---|---|---|---|---|

| 생육과정 |
|---|

| 휴면기 | 수액이동기 | 발아 및 신초생장기 | 개화 및 과립비대기 | 성숙기 | 수확기 | 저장양분 축적기 | 낙엽기 | 휴면기 |
|---|---|---|---|---|---|---|---|---|
| 덕시설 정비 하향유인 전정 및 간벌 | 결과모지 유인 및 결속 비닐피복, 조피작업 병해충방제 | 눈솎기, 꽃송이 다듬기, 신초유인, 후리스타 살포 병해충방제 | 하향유인지 전정 봉지 씌우기 병해충방제 | 신초 및 겉순관리 생리장해 대책 병해중방제 | 수확 | 간벌, 수세진단 병해충방제 | | |
| 1회 웃거름 | | | | 2회 웃거름 | | | | |

• 병해충 방제 | 노균병, 새눈무늬병, 탄저병, 회색곰팡이병, 녹병, 장님노린재, 포도호랑하늘소, 응애류, 깍지벌래류 등

| 기상 재해 및 예상되는 문제점 |
|---|

| 동해(혹한, 건조) | 가뭄 | 생육기 저온 및 기상불량 | 호우 및 태풍 | 혹한기 및 건조 |
|---|---|---|---|---|
| 휴면병, 발아불량 | 발아불량 초기생육 불균일 | 신초고사 꽃떨이현상 | 열과, 조기낙엽 덕시설 도복 | 휴면병, 발아불량 |

## 복숭아 — 팩 포장 가능한 복숭아

복숭아의 국내 시장 거래 품종은 100여 종이 넘고, 품종 간에 가격 차이도 크기 때문에 시장에서는 복숭아 품종의 춘추전국시대를 열며 경쟁이 심화되고 있다. 이러한 경쟁과 다양성이 소비자 입장에서는 선택의 폭을 넓히고 만족도를 높여 복숭아 수요 증대에 기여하고 있다. 그러나 복숭아 산업이 수요 증가와 더불어 최근 재배면적도 급증하고 있지만, 품목의 가격신축성 계수도 높아져 2~3년 후 가격 폭락에 의한 산업의 위축도 우려된다.

복숭아 과잉에 따른 문제를 극복하기 위해서는 첫째, 복숭아 신규 과원 조성을 억제하고, 둘째 적극적인 수출 시장도 개척해야 하며, 셋째 가공 상품을 개발하고, 넷째 소비자의 욕구를 파악하고 이를 충족시키기 위한 품질 향상 및 상품화 전략을 개발해야 한다.


또한 소비자의 욕구를 수요로 연계하기 위해서는 ① 재구매율을 높이기 위해 매년 계속적인 복숭아 상품에 대한 홍보활동, ② 소비기간의 연장을 위해 다양한 숙기의 고품질 품종과 경제성 있는 조기재배 및 저장기술의 개발 보급, ③ 복숭아 품질에 대한 소비자 선호가 다양하기 때문에 개별 소비자 선호와 구입 행위가 잘 연계될 수 있도록 품종의 특성과 상품의 상태숙도 수준에 대한 정보 제공이 필요하다.


### 1) 소비자가 선호하는 복숭아

① 복숭아 가격 체감도 : 비쌈(57%), 적당(29%)

② 복숭아 경도에 대한 선호도 조사 : 과육이 단단한 복숭아의 선호도
   는 49.8%, 연한 복숭아 선호도는 37.5%로 단단한 과육을 선호하는
   소비자가 많음

③ 복숭아 시장의 변화에 적극적인 대응이 필요함

– 농가 직거래가 증가하는 추세에 대응하여, 직거래의 유형별(방문,
   인터넷, 전화) 고객응대, 품질관리, 물류체계, 결제 방법 등 매뉴얼
   의 개발 보급이 필요

– 소포장 추세를 반영하여 유통과정에서 상품의 손상이 발생하지 않
   고, 소매단계에서 상품의 상태를 확인할 수 있으며, 비용이 적게 드
   는 투명 플라스틱 팩 포장 선호

③ 경쟁력 향상방안 : 가격 인하, 당도 향상, 저장기간 연장, 품질 격
   차 해소 순

## 2) 주요 품종 특성

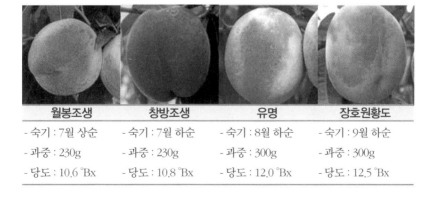

| 월봉조생 | 창방조생 | 유명 | 장호원황도 |
|---|---|---|---|
| - 숙기 : 7월 상순 | - 숙기 : 7월 하순 | - 숙기 : 8월 하순 | - 숙기 : 9월 하순 |
| - 과중 : 230g | - 과중 : 230g | - 과중 : 300g | - 과중 : 300g |
| - 당도 : 10.6 °Bx | - 당도 : 10.8 °Bx | - 당도 : 12.0 °Bx | - 당도 : 12.5 °Bx |

## 3) 재배력

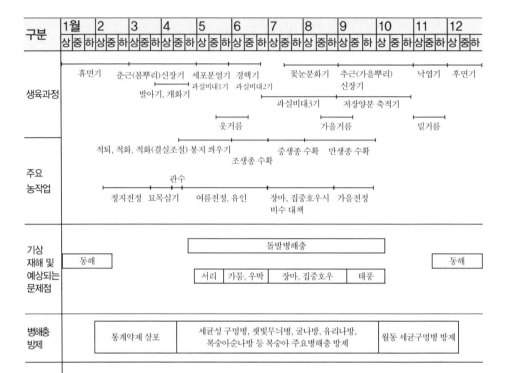

| 구분 | 1월 | 2 | 3 | 4 | 5 | 6 | 7 | 8 | 9 | 10 | 11 | 12 |
|---|---|---|---|---|---|---|---|---|---|---|---|---|
| | 상 중 하 | 상 중 하 | 상 중 하 | 상 중 하 | 상 중 하 | 상 중 하 | 상 중 하 | 상 중 하 | 상 중 하 | 상 중 하 | 상 중 하 | 상 중 하 |

**생육과정**: 휴면기 / 춘근(봄뿌리)신장기 / 세포분열기 / 경핵기 / 꽃눈분화기 / 추근(가을뿌리) 신장기 / 낙엽기 / 후면기 / 발아기, 개화기 / 과실비대1기 / 과실비대2기 / 과실비대3기 / 저장양분 축적기 / 웃거름 / 가을거름 / 밑거름

**주요 농작업**: 적뢰, 적화, 적과(결실조절) 봉지 씌우기 / 조생종 수확 / 중생종 수확 / 만생종 수확 / 관수 / 정지전정 묘목심기 / 여름전정, 유인 / 장마, 집중호우시 비수 대책 / 가을전정

**기상 재해 및 예상되는 문제점**: 동해 / 돌발병해충 / 서리 / 가뭄, 우박 / 장마, 집중호우 / 태풍 / 동해

**병해충 방제**: 통계약제 살포 / 세균성 구멍병, 잿빛무늬병, 굴나방, 유리나방, 복숭아순나방 등 복숭아 주요병해충 방제 / 월동 세균구멍병 방제

### 재배기술

**■ 주요 재배품종**

| 품종 | 숙기(수원) | 과중(g) | 당도(°BX) |
|---|---|---|---|
| 월봉 | 7월 중순 | 250 | 10.0 |
| 창빙 | 7월 중순 | 230 | 10.8 |
| 월미 | 8월 중순 | 270 | 10.5 |
| 천홍 | 8월 중순 | 250 | 12.5 |
| 대구보 | 8월 중순 | 280 | 10.5 |
| 미백도 | 8월 중순 | 280 | 11.0 |
| 백도 | 8월 중순 | 250 | 12.0 |
| 유밍 | 8월 중순 | 300 | 12.0 |
| 천중도백도 | 8월 중순 | 300 | 12.0 |
| 장호원황도 | 9월 중순 | 300 | 12.5 |

2004년 재배면적 400ha 이상 품종
감소추세 : 월봉, 창방, 월미, 대구보, 유밍

**■ 심는거리**

| 척박지 | | 비옥지 | |
|---|---|---|---|
| 심는거리 | 주수(10a당) | 심는거리 | 주수(10a당) |
| 6 X 7m | 33 | 6 X 7m | 24 |

**■ 결실조절**

개화 2주 전 적뢰(꽃봉우리 솎기)을 시작으로 적화, 적과 과정을 거쳐 최종 결실량 확보

적뢰를 하지 않았을 경우에는 만개 후 2~3주경에 1차 적과, 만개 후 4주경 꽃가루가 있는 품종부터 2차 열매솎기, 봉지 씌우기 직전까지 마무리 적과 및 가지받침

| 구분 | 단괴지 | 중괴지 | 장괴지 |
|---|---|---|---|
| 최종착과수 | 1개/5가지 | 0~1 | 1~2 |

■ 병해충

● 세균성 구멍병 : 피해 심한 농가는 낙엽 직전 보르도액 2~3회 살포로 월동일도 낮추고 석
회유황합제, 석회보르도액 등 동계약제 철저 방제, 성육기 아연석회액
또는 농용신수화제 살포 예방방

● 잿빛무늬병 : 석회유황합제로 예방, 꽃 진 후부터 6월 하순까지 약제 방제

● 탄저병 : 꽃피기 전 석회유황합제로 예방. 꽃 진 후 다코닐, 안트라콜 살포, 이병까지 불태
우고 이병과실 발견 즉시 땅에 묻음

● 복숭아심식나방 : 6월 중순~수확 2주전까지 방제, 봉지씌우기로 예방, 토양살충제 처리

● 우리나방 : 3월 하순 활동 유충 활동초기에 주간부 약제 충분히 묻도록 살포

● 복숭아순 나방 : 이른 봄철 거친 껍질을 제거하여 월동유충 잡고 페로몬트랩에 의한 예찰
로 적기방제 및 교미교란제 활용

● 복숭아굴나방 : 1화기 대목에서 발생한 신초엽에서 생활하므로 대목의 흡지 제거, 6월 중
하순 전문약제 살포로 3~4화기 발생 밀도를 맞추어야함

자두

　자두는 6월부터 9월까지 생산되는 작은 과일로 최근에는 극 만생종인
추희가 소비자에게 인기가 있다. 재배 요점은 서리 피해가 적은 재배
안전 지역 선택이 중요하고 우수 품종을 선정하여 식재하고 수분수를
함께 재식해야 한다.

### 1) 주요 품종

| 추희 | 써니 퀸 | 썸머 환타지아 | 심포니 |
|---|---|---|---|
| - 숙기 : 9월 상·중순<br>- 과중 : 150~200g<br>- 당도 : 14°Bx<br>- 과형 : 편원형 | - 숙기 : 8월 상순<br>- 과중 : 107g<br>- 당도 : 13.3°Bx<br>- 과형 : 원형 | - 숙기 : 8월 상순<br>- 과중 : 112.3g<br>- 당도 : 15°Bx<br>- 과형 : 원형 | - 숙기 : 7월 중순<br>- 과중 : 122.1g<br>- 당도 : 13.9°Bx<br>- 과형 : 난원형 |

### 2) 재배력

| 생육과정(주요농작업) | | | | | | | | | | | |
|---|---|---|---|---|---|---|---|---|---|---|---|
| 1월 | 2월 | 3월 | 4월 | 5월 | 6월 | 7월 | 8월 | 9월 | 10월 | 11월 | 12월 |
| 휴면기 | | 개화기 | 낙과 | 낙과 | 꽃눈분화기 | | | | 휴면기 | | |
| 정지·전정 | | 묘목심기 | 적과/웃거름 | | 수확/가을거름(8하·9상) | | | | 밑거름/재식 | | |

| 병해충 발생 | | | | | | | | | | | |
|---|---|---|---|---|---|---|---|---|---|---|---|
| 1월 | 2월 | 3월 | 4월 | 5월 | 6월 | 7월 | 8월 | 9월 | 10월 | 11월 | 12월 |
| | | | 주머니병 | | | | | | | | |
| | | | 검은점무늬병/잿빛무늬병 | | | | | | | | |
| | | | 깍지벌레/진딧물 | | | | | | | | |
| | | | 복숭아심식나방/복숭아유리나방/복숭아순나방 | | | | | | | | |

## 자두 시기별 주요작업

| 월별 | 생육시기 | 주요 작업내용 |
|---|---|---|
| 2월 | 휴면기 | 밑거름시비, 정지전정 |
| 3월 | 휴면기 | 월동병해충 방제, 정지전정, 묘목심기, 조피작업, 가지유인 |
| 4월 상중 | 개화기 | 인공수분, 서리피해 방지, 꽃 솎기 |
| 4월 하순 | 낙화 후 | 낙화 후 약제 방제, 꽃 솎기, 제초작업, 도장지 관리 |
| 5월 | 과실발육기 | 적과작업, 도장지 관리, 웃거름(칼리) |
| 6월 | 종자성숙기, 과실발육 | 조생종 수확(대속), 도장지 관리 |
| 7월 | 화아분화기, 과실발육 | 중생종 수확(포모사), 도장지 관리, 제초작업 |
| 8월 | 화아분화, 신초생장정지기 | 중만생종 수확(태양, 귀양), 제초작업 |
| 9월 | 신초 2차 생장기 | 극만생종 수확(추희), 가을거름, 가을전정 |
| 10월 | 저장양분 축적기 | |
| 11-12월 | 휴면기 | 밑거름 시비 |

출하 중인 자두

대추

대추는 예로부터 다남多男을 기원하는 상징물로 폐백용으로 많이 사용되었으며 생식용, 한약재, 요리용 등으로 오랜 사랑을 받아 온 과일이다. 최근에는 등산객들의 주머니에 간식용으로 소비가 창출되기도 하여 생식용 대추가 늘어나고 있다.

재배적지는 연평균 8℃ 정도로 최저기온이 −27℃ 이상인 중부 이남의 표고 500m 이하 지역이다. 그래서 최근에는 보은에 이어 양평에서도 재배농가가 늘어나고 있다. 인근에 등산객이 모이는 곳에서는 전략적으로 생과 재배도 검토해 볼 필요가 있다.

## 1) 주요품종

| | 무등 | 금성 | 월출 | 복조 |
|---|---|---|---|---|
| 개화 | 6월 중~7월 중 오후 개화(15~17시) | 무등보다 2일 정도 늦음 오후 개화(13~17시) | 6월 중~7월 중 오후 개화(15~17:30) | 6월 중~7월 중 |
| 숙기 | 10월 상순 | 10월 중순 | 10월 상순 | |
| 과중 | 9~11g(장원형) | 7~8g(타원형) | 8~9g(장원형) | 8~10g(장원형) |
| 당도 | 31~32% | 28.7% | 31~32% | 27~30% |

이 밖에도 지방 재래종으로 보은대추, 산조 등이 있다.

생대추 착과 및 상품포장

## 2) 재배력

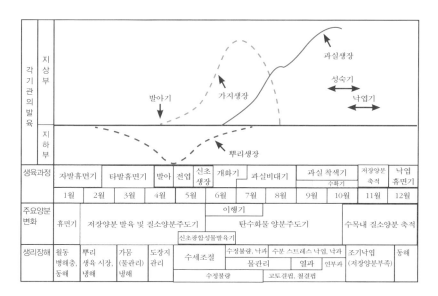

| 각기관의발육 | 지상부 | 과실생장 / 성숙기 / 낙엽기 / 발아기 / 가지생장 | | | | | | | | | | |
|---|---|---|---|---|---|---|---|---|---|---|---|---|
| | 지하부 | 뿌리생장 | | | | | | | | | | |
| 생육과정 | | 자발휴면기 | 타발휴면기 | 발아 | 전엽 | 신초생장 | 개화기 | 과실비대기 | | 과실 착색기 (수확기) | | 저장양분 축적 | 낙엽 휴면기 |
| | | 1월 | 2월 | 3월 | 4월 | 5월 | 6월 | 7월 | 8월 | 9월 | 10월 | 11월 | 12월 |
| 주요양분 변화 | | 휴면기 | 저장양분 발육 및 질소양분주도기 | | | 이행기 / 신초광합성물발육기 | | 탄수화물 양분주도기 | | | 수목내 질소양분 축적 | | |
| 생리장해 | | 월동 병해충, 동해 | 뿌리 생육 시장, 냉해 | 가뭄 (물관리) 냉해 | 도장지 관리 | 수세조절 / 수정불량 | 수정불량, 낙과 / 물관리 / 열과 / 고토결핍, 철결핍 | 수분 스트레스 낙엽, 낙과 / 연부과 | | 조기낙엽 (저장양분부족) | | 동해 | |

### 3) 대추나무 월별 병해충 방제

| 월별 | | 생육상태 | | 방제횟수 (약제살포량) | 대상병해충 병 | 대상병해충 해충 | 중점 방제 병해충 |
|---|---|---|---|---|---|---|---|
| 1~3 | | 휴면기 | | 1(250 *l*) | 탄저병 녹병 줄기썩음병 | 진딧물 응애 | 월동약제 (석유유황합제) 줄기썩음병 |
| 4 | 상 | | | | | | |
| | 중 | | | | | | |
| | 하 | 발아기 | | | 빗자루병 (치료) | | 빗자루병 수간주입 (옥시테트라사이클린) |
| 5 | 상 | 전엽기 | | | | | |
| | 중 | 신초생장기 | | 2(250 *l*) | 줄기썩음병 | 진딧물 | 줄기썩음병, 진딧물 |
| | 하 | | | | | | |
| 6 | 상 | 개화기 | | 3(300 *l*) | 잎마름병 | 박쥐나방, 잎말이 나방, 쐐기나방류 | 잎마름병, 잎말이나방 |
| | 중 | | | | 빗자루병 (치료) | | |
| | 하 | | | | | | |
| 7 | 상 | | 과실비대기 | 4(400 *l*) | 입마름병 탄저병 | 마름무늬매미충, 쐐기나방, 박쥐나방, 잎말이나방, 응애 | 잎마름병, 탄저병, 마름무늬매미충 |
| | 중 | | | | | | |
| | 하 | | | | | | |
| 8 | 상 | | | 5(400 *l*) | 탄저병 녹병 | 마름무늬매미충, 응애 | 녹병, 탄저병, 마름무늬매미충 |
| | 중 | | | | | | |
| | 하 | | | | | | |
| 9 | 상 | 과실착색기 | 수확기 | 6(400 *l*) | 탄저병 녹병 | 마름무늬매미충, 잎말이나방, 박쥐나방, 좀나방류 | 녹병, 탄저병, 마름무늬매미충 |
| | 중 | | | | | | |
| | 하 | | | | | | |
| 10 | 상 | | | 7(400 *l*) | 줄기썩음병 | | 줄기썩음병 |
| | 중 | | | | | | |
| | 하 | | | | | | |
| 11~12 | | 휴면기 | | | | | |

## 애플수박

  농촌경제연구원에 따르면 1인당 연간 수박 소비량은 2000년만 해도 19.6kg에 달했지만 점점 줄어들어 2016년에는 9.6kg이었다. 전체 과일 구매 품목 중에서도 수박이 차지하는 비중은 9%[2010년]에서 8%[2015년]로 낮아졌다.

  소비 감소의 이유는 '가격이 비싸다'가 46%, '대체 과일이 많아서'가 22%, '가족 수가 적어서'가 10%, '맛이 없어서'가 9% 순으로 나타났다.

  소비자가 수박을 구입하는 횟수는 월 1회가 35%, 월 2회가 36%로 가장 큰 비중을 차지하였다. 소비자는 수박 가격이 비쌀 경우 참외 30%, 일반 토마토 13%, 방울토마토 12%, 복숭아 11% 등의 순으로 소비를 대체하였다.

  그러나 무엇보다도 1~2인 가족구성으로 수박 한 통을 통째로 사다가 한 번에 소비할 수 없기 때문에 유통업체들은 수박을 쪼개어 조각수박으로 유통하고 있는 실정이다. 실제 2017년 5월에 이마트가 8~9kg짜리 수박을 16조각으로 잘라 별도 용기에 담은 '나 혼자 수박' 4만 팩을 출시하여 대박을 터뜨렸다는 보도가 나오기도 하였다. 그러나 이런 포장 방식은 위생문제가 끊임없이 제기된다. 껍질을 제거하고 붉은 과육만 도려낸 수박을 담아 판매하기도 했지만 신선도가 급격히 떨어지는 것이 문제였다.

절단수박에 대한 소비자들의 의견( '16년 농촌진흥청 조사)

| 구분 | 좋음 | 싫음 | 상관없음 | 무응답 | 합계 |
|------|------|------|----------|--------|------|
| % | 30.1 | 69.8 | 0.08 | 0.08 | 100 |

수박 경영관리(농촌진흥청 2016)

　이러한 문제를 근본적으로 해결하기 위해서는 1~2인 가족이 한 번에 소비할 수 있는 1~2kg/통 짜리 작은 수박, '애플수박'에 눈을 돌려 보아야 할 때이다. 실제로 올봄 고양 하나로 마트에서는 배만 한 1kg 짜리 애플수박이 기존 하우스 재배 수박보다 고가로 유통되었다. 이제 수박도 소형 수박 품종을 선택하여 하우스 터널을 이용한 재배로 품종전환을 하면 좋을 것이다.

애플수박 사진

수박 경영관리(농촌진흥청 2016)

선호하는 수박의 판단 기준

| 구분 | 꼭지 | 두드렸을 때 나는 소리 | 무늬의 선명함 | 밑둥의 색상 | 기타 | 합계 |
|------|------|---------------------|--------------|-------------|------|------|
| % | 31.1 | 22.4 | 28.8 | 2.7 | 15.1 | 100 |

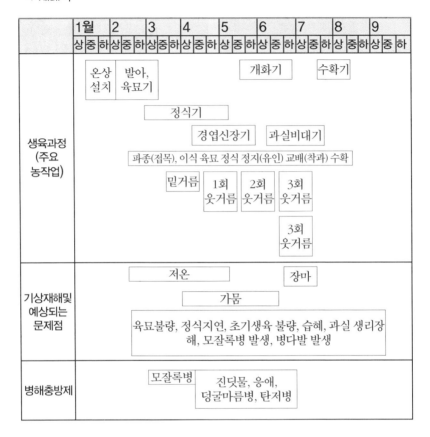

| | 1월 | 2 | 3 | 4 | 5 | 6 | 7 | 8 | 9 |
|---|---|---|---|---|---|---|---|---|---|
| | 상중하 | 상중하 | 상중하 | 상중하 | 상중하 | 상중하 | 상중하 | 상중하 | 상중하 |

생육과정 (주요 농작업)
- 온상설치 / 발아, 육묘기
- 개화기
- 수확기
- 정식기
- 경엽신장기
- 과실비대기
- 파종(접목), 이식 육묘 정식 정지(유인) 교배(착과) 수확
- 밑거름 / 1회 웃거름 / 2회 웃거름 / 3회 웃거름
- 3회 웃거름

기상재해및 예상되는 문제점
- 저온
- 장마
- 가뭄
- 육묘불량, 정식지연, 초기생육 불량, 습해, 과실 생리장해, 모잘록병 발생, 병다발 발생

병해충방제
- 모잘록병
- 진딧물, 응애, 덩굴마름병, 탄저병

## 가공 — 건조 간식, 3 GO ! (맛있고! 간편하고! 빠르고!)

건조 간식은 최근 웰빙 트렌드 확산과 함께 건강과 편의성을 중시하는 현대인들에게 인기가 높아지면서 최근 그 시장규모가 지속적으로 증가하고 있다. 건조 간식 시장규모는 '13년 대비 약 25.8% 증가하였으며, 특히 건조 과일류의 경우 52.5% 성장세를 기록하면서 향후 시장규모는 더욱 더 확대될 것으로 판단된다. 건조 간식은 국내뿐만 아니라 해외시장에서도 각광받고 있으며 특히 중국의 경우 안전 안심에 대한 소비자들의 관심이 높아지면서 건조 간식 수출 전략으로 안전 안심과 함께 고급 이미지를 함께 어필하는 것이 주요할 것으로 판단된다.

### 1) 소비자의 반응 조사

① 소비자 패널의 건조 간식 구매 가구 수와 구입액 또한 지속적으로 증가하고 있으며 주로 구매하고 있는 품목은 감말랭이, 고구마말랭이, 건포도인 것으로 나타났으며 특히 감말랭이의 경우 큰 폭의 증가세를 보이고 있는 것으로 나타남.

② 건조 간식 구매처의 경우 빠르고 손쉽게 구매할 수 있는 무점포 판매 비중이 높은 것으로 분석됨.

- 기존 강세였던 대형마트나 백화점 구매비중보다는 인터넷이나 산지직거래 구매비중이 높게 나타났으며, 이는 건조 간식에 대한 관심이 반영된 것으로 직접 제품에 대한 이해와 관심이 동반된 결과라 판단됨.

③ 건조 간식 구매 시 중요한 요소로 맛(41.4%)을 중요시 한다는 응답이 가장 높게 나타났으며, 다음으로 편의성(30.5%), 건강(19.8%),

가격(8.33%) 순으로 나타남.

- 건조 간식 구매 시 원산지에 대해 민감하게 반응하고 있으며(국내산 선호 66.1%), 그러한 이유로는 안전·안심에 대한 부분이 가장 큰 것으로 분석됨(61.2%).
- 수입 건조 간식과 국내산 건조 간식과의 가격 차이가 존재하더라도 국내산을 구매한다는 의향이 73%로 높게 나타남에 따라 국내산 건조 간식은 충분한 경쟁력을 갖추고 있다고 판단됨.

인기 있는 건조식품

| 감말랭이 | 고구마말랭이 | 고구마말랭이2 |

## ③

# 귀농인을 향한 과대광고

최근 귀농·귀촌 사례가 늘어나면서 일부 기획 부동산이라 일컫는 회사들이 투자자들을 유치해 버섯재배사, 인삼수경재배시설, 식용곤충재배사 등에 투자하면 고소득을 올릴 수 있다고 과대광고하는 사례가 자주 발생하고 있다. 이러한 광고나 권유를 받았을 때는 사전에 관련부서(해당 시청이나 연구소 또는 농업기술센터 등)에 확인하거나 전문가에 문의가 필요하다.

### 사례1: 귀농 농업창업 자금 및 주택 구입자금 관련

## 사례2 : 인삼수경재배단지(ㅇㅇ시)

필자가 근무하던 시기에 시내 현수막에 농촌진흥청에서 개발한 수경
인삼재배단지를 조성한다며 귀농 투자자들을 모집하는 현수막이 시내
곳곳에 게시되었다. 그리고 담당팀을 통하여 인삼수경재배단지 투자
설명회를 한다며 농업기술센터 회의실 사용을 요청하기도 하였다. 이
에 우선 담당자에게 현황을 파악토록 했는데, 농촌진흥청과 시청 담당
과장과 해당지역 읍장에게 관련사항을 확인한 바 정상적인 사업인지에
의심이 들어 회의실 사용신청을 불허하고 투자 문의자들에게 주의하도
록 주지한 바 있다.

인삼 수경(본 사진은 2017 종자국제박람회에 전시된 수경재배인삼)

사례3 : 식용곤충 투자 과대광고 사례 (KBS 보도)

식용곤충이 산업화됨에 따라 귀뚜라미 양식 사업 투자자들을 모집하여 많은 피해자들을 발생시킨 사례이다.

식용곤충(2017 강소농 대전에 출품된 곤충홍보용 사진)

KBS보도에 의하면 부천과 시흥 일대에서 미래 식량인 곤충<sup>귀뚜라미</sup>을 사육하면 연 수익률이 212% 정도 된다며 투자자들을 모집했다고 하는데, 귀뚜라미 알을 분양받아 키우면 팔아주겠다고 하여 1계좌당 240만 원씩 650명이 투자한 201억여 원을 가로챘다는 내용이다.

희귀작물이나 특수 작목을 분양하며 생산물을 팔아주겠다는 광고는 다시 한번 확인이 필요하다.


사례4 : ‘애견 귀농’ 꿈꾸며 투자했다가 날아간 은퇴자금 (MBC 보도)

인생 2막 귀농·귀촌을 꿈꾸는 사람들을 상대로 시골에서 반려견을 키워 분양하면 큰돈을 벌 수 있다고 광고하여 은퇴자들이 평생 모은 돈을 갈취한 사례이다.

애견프랜차이즈 업체에서 마리당 2백~6백만 원에 분양받으면 자동

온습도 조절장치와 살균소독 장치 등 최첨단 견사를 제공하겠다며 투자자들을 모아서 실제는 천만 원도 안 되는 샌드위치 패널로 만든 개집을 제공하거나 그것마저도 미루며 투자자들과 분쟁을 일으킨 사건이다. 이 역시 큰돈을 벌 수 있다는 업체 말만 믿고 투자했다가 실패한 사례로 귀농이란 큰돈을 버는 성공보다는 인생 후반기를 행복하게 보내겠다는 마음가짐이 중요하다는 것을 일깨워주는 사례이다.

애완견(2017 여주 오곡나루축제 동물농장에 전시된 애완견)

사례5 : 화훼단지, OO버섯 등 유사한 사례도 있으니 정확한 정보 확인 후 참여 여부를 결정하도록 해야 한다.

# 소비자가 원하는
# 농산물을 생산해야

우리나라도 혼자 밥 먹고, 술 마시고, 영화 보고, 운동하고, 쇼핑하는 '나홀로' 라이프 시대가 도래했다. 2017년부터 일(1)코노미의 해가 시작됐다. 일(1)코노미란 1인과 이코노미Economy의 합성어로 1인 가구가 증가하여 경제소비패턴이 바뀌는 것이다.

## 가구 구성원의 급격한 소가족화

통계청에서 지난 8월 31일(목)에 발표한 '2016 인구주택 총 조사' 결과에 따르면 우리나라의 1인 가구 수는 5,398천 가구로 전체 가구 수의 27.9%를 차지했고 10년 후인 2025년에는 31.3%까지 늘어난다는 전망이다. 노르웨이(37.9%), 일본(32.7%), 영국(28.5%), 미국(28%)에 이어 1인 가구가 많은 국가가 되었다. 게다가 2인 가구 수도 26.2%로 1~2인 가구 수는 54.1%로 절반 이상이 소가족 형태로 바뀌었다. 이러한 추세는 앞으로도 계속 늘어날 전망이어서 홀로 사는 혼족이나 자녀 없이 부부만이 생활하는 핵가족시대의 라이프스타일에도 상당한 변화가 예상된다.

※ 가구원 수 변화

– 1인 가구원 수 : '10) 23.9% → '15) 27.2% → '16) 27.9%

– 2인 가구원 수 : '10) 24.6% → '15) 26.1% → '16) 26.2%

– 평균 가구원 수 : 2.51명('15년: 2.53명)


## 식품 소비형태의 변화

제일 먼저 식품 소비형태가 눈에 띄게 변하고 있다. 1~2인 가구는 용량이 많은 식제품을 구입하면 다 먹지 못하고 보관도 어려워 처치곤란을 겪는 경우가 다반사이다. 때문에 용량이 적은 식품을 구입하는 것은 당연한 일이다.

식음료업계에서는 1인 가구를 타깃으로 하는 용량이 작은 신상품 개발에 돌입한 상태이고 유통업계도 혼자 거주하는 이들이 늘어나면서 근처 편의점에서 간단하게 끼니를 해결하거나 소량으로 구매할 수 있는 제품을 출시하고 있다.

이마트에서도 지난 5월부터 '나 혼자 수박'을 출시하여 큰 호응을 얻었다. 수박 한 통을 통째로 사기가 부담스러운 소비자들을 위하여 8~9kg짜리 수박을 16조각으로 잘라서 별도 플라스틱 용기에 담아서 출시하여 대박을 터뜨렸다고 동아일보2017.07.10에 소개되었다.

## 소비자가 찾는 농산물을 생산해야…

이에 따라 농촌진흥청을 비롯한 각 도 농업기술원, 각 시·군 농업기술센터로 이어지는 농촌진흥기관에서도 최근 농식품 키워드를 '미니', '믹스', '프레시'로 요약하고 미니과일, 미니채소 생산기술을 중점 보급하고 있다.

과일의 경우 기존 대과큰 과일 위주에서 '소비자 선호형 중·소과 생산 시범사업'으로 전환하였고 수박, 참외 등 과채류도 애플수박, 방울참외, 미니오이, 방울토마토 등 작은 열매채소 생산으로 변하고 있다.

이를 위하여 도내 사과·배·포도·복숭아 연구회와 지역별 강소농 자율모임체 등을 대상으로 한 컨설팅과 교육을 통해 사과는 루비엑스, 알프스 오토메, 가을스타 등 미니사과 품종을, 배는 소원, 신화, 조이스킨, 그린시스 등 작거나 껍질째 간편히 먹을 수 있는 품종으로 확대보급하고 있다. 복숭아의 경우도 과육이 다소 단단하고 작은 편의점용 사이즈를 생산하고 있으며, 포도의 경우는 샤인머스켓 등 3색 포도를 중점 보급하고 있다.

채소의 경우도 애플수박, 미니양배추 등 작은 신선채소류 생산기술 보급에 치중하기로 하였다. 이를 위하여 애플수박, 미니토마토, 미니사과 묘목업체, 종묘생산업체를 집중 발굴하여 소개하고 있다.

경기도 농업기술원에서는 편의점에 전문적으로 납품하는 농산물 유통업체인 ㈜새롬후드앤과 지난해 5월 23일 업무협약MOU을 체결하고 강소농 현장 지원단의 전문위원들이 주축이 되어 도내 강소농들이 생산한 미니사과, 작은 복숭아, 3색 포도, 배, 쌀 등을 납품토록 연계하는 강소농 마케팅 활성화를 추진하였다.

금년에도 편의점용 신선 농산물을 생산하는 농가를 조기에 발굴하여 사전 계약재배와 유통연계를 확대하고 있다. 특히 편의점에 농산물을 납품하는 유통회사에서는 금년에 애플수박 생산단지 조성을 강력히 희망하고 있어 강소농 현장 지원단에서는 이천 소재 애플수박 종자 전문 생산 회사인 ㈜해피바이오텍와 연계하여 단지를 물색 중이다.

단지 조성 신청 시 기술지원과 판매유통도 적극 지원한다고 한다.

최근 귀농·귀촌자들이 많이 늘어나면서 블루베리나, 아로니아 등 일부 과대광고에 현혹되어 정확한 정보 없이 선택했다가 판매·유통에 어려움을 겪고 있는 사람들이 많다. 그러한 실정을 감안해 이들에게도 정확한 작목 선정을 할 수 있도록 도움을 줄 수 있는 교육과정도 필요하다.


※ 작은 사이즈의 농산물 생산

- 미니사과 : 알프스 오토메, 루비에스

- 애플 수박

- 껍질째 먹을 수 있는 작은 배 : 조이너스, 예스 쿨 등

- 주머니에 넣고 먹을 수 있는 작은 과일 : 생대추, 가을자두 등

- 편의점에서 취급 가능한 팩 포장 가능한 작고 단단한 복숭아

- 씨 없고 껍질째 먹을 수 있는 포도 : 샤인 머스켓, 매니큐어 핑거, 경조정 등


※ 가공농산물 → 건조간식, 3Go (맛있고! 간편하고! 빠르고!)

– 고구마말랭이, 감말랭이, 건포도 등
– 안전성이 보장된 농산물: GAP농산물, 친환경 농산물, 로컬 푸드

이에 맞추어 우리 농업인들도 소비자가 선호하는 미니과일, 미니양파, 방울토마토, 미니양배추, 미니오이, 애플수박, 방울참외 등 작은 농산물 생산에 관심을 갖고 일(1)코노미 시대에 대응하는 지혜가 필요하며 정부의 정책적 지원도 필요하다.

크게 성공하려고 너무 욕심 부리면 후유증이 오기 마련이다. 귀농하여 제2의 인생을 시작하는 만큼 자기 체력에 맞게 삶을 즐긴다는 생각으로 임할 때 자연에서 행복을 느끼는 행복한 귀농인이 될 것이다. 즉 성공하는 귀농인보다는 행복한 귀농인이 되는 것을 목표로 하자!

# / 부 록 /

## - 목차 -

본 자료는 귀농귀촌종합센터www. returnfame.com의 지원정책 중 지자체 지원 사업에 공지된 내용을 중심으로 정리하였으며 보다 자세한 내용은 해당 지방자치단체 관련 부서에 확인이 필요합니다

본 자료는 귀농귀촌종합센터www. returnfame.com의 지원정책 중 지역별 사회복지정책정보에 공지된 내용을 중심으로 정리하였으며 보다 자세한 내용은 해당 지방자치단체 관련부서에 확인이 필요합니다.

# 부록1. 알아두면 도움이 되는 농업 관련 기관 및 단체

· 농림축산식품부 (www.mafra.go.kr/044-201-1000)

　- 귀농 · 귀촌 정책 및 제도수립, 총괄관리

· 농촌진흥청 (www.rda.go.kr/1544-8 572) - 귀농 · 귀촌 농업창업 설계 및 종합상담

· 산림청 (www.forest.go.kr) - 임산물(유실수) 생산지도 및 산림정책 종합상담

· 특허청(www.kipo.go.kr)

· 중소벤처기업부(www.smba.go.kr)

· 국립농산물품질관리원(www.naqs.go.kr) - 농업경영체 등록 및 친환경농산물 인증

· 각 도 농업기술원 및 농업기술센터- 지역별 농업정보 및 귀농상담

· 농림수산식품과학기술위원회(www.stca.go.kr)

· 농식품 안전품질통합정보 시스템(www.agrin.go.kr)

· 농림사업정보 시스템(www.agrix.go.kr)

· 자치법규정보시스템(www.elis.go.kr/02-2195-1126) - 자치단체 조례정보 등

· 중소기업종합정보서비스(www.bizinfo.go.kr)

· 중소기업현황정보시스템(www.sminfo.smba.go.kr)

· 창업넷 청년창업지원센터(www.k-startup.go.kr)

· 나라장터(www.g2b.go.kr)

· 귀농귀촌종합센터(www.returnfarm.com/1899-9097)

- 귀농귀촌, 농촌창업 설계 및 종합상담
· 농림수산식품교육문화정보원(www.epis.or.kr/044-861-8889)


- 농업농촌관련 교육포털 사이트
· 농협(www.nonghyup.com/02-2080-5114) - 귀농·귀촌정책자금 지원 및 상담
· 농지은행(www.fbo.or.kr/1577-7770)
· 농업기술실용화재단(www.fact.or.kr)
· 한국농수산식품유통공사(www.at.or.kr)
· 한국농어촌공사(www.ekr.or.kr)
· aT농식품유통교육원(http://edu.at.or.kr)
· 웰촌(www.welchon.com/1577-1417) - 농촌체험/관광지역정보
· (사)전국귀농운동본부(www.refarm.org/031-408-4080)


- 귀농희망자 모집, 귀농교육정보, 맞춤정보 제공 등
· (사) 한국귀농귀촌진흥원(www.krci.kr/02-503-8885)


- 귀농귀촌교육 및 컨설팅, 귀농 관련 정보제공
· 한국벤처농업대학(www.vaf21.com)
· 농업인력포털(www.agriedu.net)
· 한국식품연구원(www.kfri.re.kr)
· 한국농촌경제연구원(www.krei.re.kr)
· 농림수산식품기술기획평가원(www.ipet.re.kr)
· 축산물품질평가원(www.ekape.or.kr)
· 축산물안전관리인증원(www.ihaccp.or.kr)
· 축산물브랜드종합서비스(www.hqbrand.net)
· 농산물 무역정보(www.kati.net)
· 농수산물 유통정보 길잡이(www.kamis.co.kr)
· 옥답(www.okdab.com)
· 창업진흥원(www.kised.or.kr)
· 소상공인 마당(www.sbiz.or.kr)
· 한국산업기술진흥원(www.kiat.or.kr)

· 한국산업기술평가관리원(www.keit.re.kr)

· (사) 벤처기업협회(www.venture.or.kr)

· (사) 한국창업보육협회(www.kobia.or.kr)

· 한국발명진흥회(www.kipa.org)

· 특허정보 검색서비스(www.kipris.or.kr)

· e특허나라(www.patentmap.or.kr)

· 중소기업기술정보 진흥원(www.tipa.or.kr)

· 기술신용보증기금(www.kibo.co.kr)

· 신용보증기금(www.kodit.co.kr)

· 농림수산업자산용보증기금관리기관(www.nongshinbo.com)

· 농업정책보험금융업(www.apfs.kr)

· 한국벤처캐피탈협회(www.kvca.or.kr)

· 신용보증재단중앙회(www.koreg.or.kr)

· 경기도농식품유통진흥원(http://greencafe.gg.go.kr)


-6차산업정보 및 학교급식관련 업무

· 경기 중소기업종합지원센터(www.gsbc.or.kr)

· 경기지방중소기업청(www.smba.go.kr/gyeonggi)

# 부록2. 지방자치단체별 지원 사업 정보

## 경기도

| 시 군 | 지원 사업 요약 |
|---|---|
| 고양시 | 귀농인 현장실습교육 : 1,800만 원(3명) |
| 김포시 | 귀농인 현장실습교육 : 600만 원(1명) |
| 이천시 | 귀농인 현장실습교육 : 1,200만 원(2명) |
| 연천군 | - 귀농인 현장실습교육 : 600만 원(1명)<br>- 이사 지원 쓰레기봉투 및 대형폐기물 처리 : 1회<br>- 주택설계비 : 50만 원 이내<br>- 단독주택 수리비 : 100만 원 이내<br>- 신생에너지 보급지원(태양광, 태양열, 지열 등 설치 시)<br>　: 예산 범위 내<br>- 군 장병 전입 장려금(부사관 이상): 20만 원 상당<br>- 가축재해보험 일부 지원 : 납입보험료의 50%<br>- 친환경 농산물 인증 검사비 : 검사비의 60% |

## | 강원도

| 시 군 | 지원 사업 요약 |
|---|---|
| 춘천시 | 귀농 정착금 지원 사업 : 1,560만 원/2년간 |
| 태백시 | - 귀농인 정착 지원금 : 1,560만 원/2년간<br>- 주택신축, 수리비 시원 : 500만 원<br>- 전입지원 : 이사비 50만 원, 집들이 20만 원, 농기구 구입 50만 원 농자재, 시설 지원 |
| 홍천군 | - 귀농·귀촌 화합 프로그램 지원 : 600만 원 한도/ 10가구 이상, 7가구 이상은 100만 원 한도<br>- 귀농인 정착지원금 지원 사업 : 1년차 80만 원/월, 2년차 50만 원/월<br>- 귀농인 신규 영농 정착 지원 : 100만 원(보조 50%) |
| 화천군 | - 귀농인 정착지원금 지원 사업 : 1년차 80만 원/월, 2년차 50만 원/월 |
| 횡성군 | - 귀농인 정착지원금 지원 사업 : 1년차 80만 원/월, 2년차 50만 원/월<br>- 민원업무대행: 농지전용, 개발행위업무 |
| 삼척시 | 귀농인 현장실습 지원 : 월 80만 원(6개월)<br>귀농인 정착금 지원 : 1,560만 원/2년간<br>농업농촌 지원 사업 : 비닐하우스 외 54개 사업 |
| 양구군 | 귀농인 현장실습 지원 : 월 80만 원<br>귀농인 정착지원금 지원사업 : 1년차 80만 원/월, 2년차 50만 원/월 |
| 양양군 | 귀농인 현장실습지원 : 월 80만 원<br>귀농·귀촌 소규모 마을기업 조성 지원 : 5호, 10인 이상<br>귀농·귀촌인 주택수리 지원 : 500만 원 한도 |
| 영월군 | 귀농인 현장실습 지원사업 : 월 80만 원(5개월)<br>귀농인 정착 지원사업 : 600만 원 (자부담 400만 원 추가) |
| 철원군 | 귀농인 현장실습 지원사업 : 월 80만 원(3~7개월), 선도농가 40만 원<br>귀농인 비가림 하우스 지원 : 990~3,300㎡(보조 50%)<br>귀농인 소형농기계(관리기) 지원 사업 : 250만 원(보조 50%)<br>귀농인 주택 설계비 지원 : 200만 원(군비 50%)<br>이사비 지원 : 200만 원(보조 50%)<br>귀농인 농가주택 수리비 지원 : 600만 원(보조 50%) |

# | 충청북도

| 시 군 | 지원 사업 요약 |
|---|---|
| 괴산군 | 귀농인 농가주택 수리비 지원 : 200만 원 |
| 단양군 | 귀농인 영농 멘토제 지원 사업 : 월 30만 원, 6개월<br>귀농인 농기계 지원 사업 : 120만 원(보조 60%)<br>귀농인 비닐하우스 신축지원 사업 : 2,000만 원(보조 60%)<br>귀농인 농가주택 수리비 지원 : 200만 원 한도<br>-귀농·귀촌인 전기, 수도, 인터넷 지원 사업 : 200만 원 한도<br>-농촌체험프로그램 지원 : 도시민 유치팀 문의 |
| 보은군 | 귀농인 정착 자금 지원 : 300~500만 원 차등 지원<br>귀농인 농기계 구입 자금 : 500만 원 이내<br>귀농인 농지구입 세제 지원 : 200만 원<br>귀농·귀촌인 생활자재 구입 지원 : 20만 원 범위 내 |
| 영동군 | 영농 정착 지원 사업 : 500만 원 한도(보조 50%)<br>귀농인 소형 농기계 지원 사업 : 관리기 115만 원, 운반차 150만 원(보조 50%)<br>귀농인 소형 저온저장고 지원 사업 : 300만 원(보조 50%)<br>귀농·귀촌인 주택신축 설계비 지원 사업 : 150만 원 한도<br>농가주택 수리비 지원 사업 : 200만 원 한도<br>귀농·귀촌인 집들이 지원 사업 : 50만 원 한도 |
| 옥천군 | 농가주택 수리비 지원 사업 : 500만 원<br>농기계 구입 지원 사업 : 관리기 100만 원, 경운기 150만 원<br>농지 주택구입 세제지원 사업 : 300만 원 한도 |
| 음성군 | 들깨단지 조성 : 120만 원/ha(보조 70%)<br>귀농인 및 2030 컨설팅 지원 사업 : 2만 원/1일 2시간 |
| 제천시 | 새내기 귀농인 선도 귀농 실습 지원<br>귀농인 영농정착 기반조성사업(비닐하우스) : 620만 원(보조 50%)<br>- 농기계, 과수시설 : 300만 원(보조 50%), 통신시설 :200만 원(보조 50%) |
| 증평군 | 귀농인 농가주택 수리비 지원 사업 : 200만 원 한도<br>귀농인 정착자금 지원 : 300만 원<br>1귀농인 1직원 담당제 |

| | |
|---|---|
| 청주시 | 귀농인 현장실습 지원 사업 : 월 80만 원, 선도농가 40만 원<br>6차 산업을 위한 귀농인 영농정착지원 : 1,000만 원(보조 70%)<br>귀농창업 활성화 소자본 창업 실행비 지원 : 1,000만 원 |
| 충주시 | 귀농인 현장실습 지원 사업 : 1쌍 120만 원<br>귀농인 정착지원(주택수리비, 경작지 임차료) : 200만 원<br>귀농인 이사비용 : 100만 원<br>귀농인 창업 자금 지원 : 500만 원 |

## | 충청남도

| 시 군 | 지원 사업 요약 |
|---|---|
| 계룡시 | 인구증가 시책 : 200만 원/2년간(년간 100만 원) |
| 공주시 | 귀농인 현장인턴 지원 사업 : 월 80만 원, 선도농가 40만 원<br>귀농인 정착 장려금 지원 사업 : 300만 원 |
| 금산군 | 귀농인 소득모델 창업 지원 : 750만 원, 자부담 330만 원 추가 |
| 논산시 | 귀농인 현장실습 지원 사업 : 월 80만 원, 선도농가 40만 원, 4개월<br>귀농인 빈집 수리 지원 : 500만 원, 자부담 500만 원 추가<br>2030 영농지원 : 1,000만 원<br>아름다운 귀농마을 만들기 사업 : 1,000만 원<br>귀농인 직거래 장터운영(협의체) : 1,000만 원<br>농산물 생산유통 지원 : 1,000만 원<br>귀농인 현장 거점농가 교육장 조성 : 1,000만 원 미만 |
| 당진시 | 귀농인 현장실습 교육 사업 : 1,200만 원<br>귀농인 소규모 영농정착 실습농장 시범 : 800만 원(보조 80%)<br>귀농인 경영체 육성 시범(소형농기계) : 500만 원(보조 80%) |
| 보령시 | 귀농인 주택 수리비 지원 : 500만 원<br>귀농인 영농정착 시범 : 1,000만 원(보조 70%)<br>신규 귀촌인 그린텃밭 조성 사업 : 500만 원<br>농경지 임차료 지원 사업 : 100만 원 한도(3,300㎡까지) |

| | |
|---|---|
| 부여군 | 귀농인 현장실습(멘토 · 멘티) 교육 : 5개월간<br>귀농인 농업시설 지원 사업 : 2,000만 원(보조 50%)<br>귀농인 소규모 주택 시설 개선사업 : 700만 원(보조 50%)<br>아름다운 귀농마을 만들기 : 1,500만 원<br>2030 귀농인 영농정착 지원 사업 : 2,000만 원(보조 50%)<br>귀농인 친환경 농산물 생산유통개선 지원사업 : 2,000만 원(보조 50%)<br>주택, 농업시설(창고 등) 건축 설계비 지원 : 100만 원<br>귀농인 소규모 농기계 지원 사업 : 300만 원(보조 50%)<br>귀농/귀촌 화합행사 지원 사업 : 60만 원 |
| 서산시 | 귀농인 소규모 농장 조성 시범 사업 : 800만 원 |
| 서천군 | 귀농 · 귀촌인 주택신축 설계비 지원 사업 : 262만 원 한도<br>도시 청년 초보농부 플랫폼 조성 운영 : 80만 원/월<br>빈집 수리비 지원 : 1,000만 원(보조 50%)<br>귀농 초기 안정적 소득기반조성사업(시설 하우스) : 923만 원(보조 80%)<br>농가 숙박형 귀촌귀농교감 프로그램 운영<br>청년창업 안정지원(생활안정자금) : 80만 원/월<br>귀농투어 : 4회 |
| 아산시 | 귀농인 선도농가 현장 실습 지원 : 1~5개월<br>귀농인 소형농기계 지원 사업 : 200만 원(보조 40%) |
| 예산군 | 선도농가 입주 현장 실습 교육 : 월 80만 원<br>정착 귀농인 소형 농기계 지원 : 100만 원 한도<br>빈집 수리비 지원 : 500만 원 |
| 천안시 | 귀농 현장애로 지원단 운영 |
| 청양군 | 귀농 · 귀촌 현장실습 지원 : 월 80만 원, 선도농가 40만 원<br>귀농 · 귀촌 빈집 수리비 : 500만 원<br>귀농인 농업생산 기반 시설 : 500만 원(보조 50%)<br>귀농 · 귀촌인 애듀팜 농장 조성 : 2,000만 원 |
| 홍성군 | 귀농인 현장실습 지원 : 월 80만 원, 선도농가 40만 원<br>귀농인 직거래 활성화 지원 : 300만 원(보조 50%)<br>귀농인 정주 환경 개선 지원 : 500만 원( 보조 50%)<br>새내기 귀농인 인력 및 학습단체 지원 : 예산 2,800만 원<br>농가 합숙형 귀농체험 교육 : 예산 1,500만 원<br>1:1 개인 밀착형 영농실습 프로그램 운영 : 예산 1,500만 원 |

| 시 군 | 지원 사업 요약 |
|---|---|
| 태안군 | 초보 귀농인 멘토·멘티 체계 구축 : 월 80만 원<br>귀농인 영농정착 융자 지원(조례) : 2,000세대<br>귀농인 창업 및 주택구입 지원(조례) : 3,000~5,000세대<br>귀농인 소모임 현장학습 활동: 토론식<br>귀농인 집들이(조례) : 융자 200만 원<br>귀농학교 운영 : 5회<br>귀농 현장애로 지원단 구성 운영 |

## | 전라북도

| 시 군 | 지원 사업 요약 |
|---|---|
| 고창군 | 귀농인 영농정착금 : 100만 원(1년차 50%, 2~3년차 각 25%)<br>귀농인 농가주택 수리비 지원 : 25가구 이내/년<br>소규모 귀농·귀촌 전입가구 기반조성 사업 : 5~10 세대 공동체<br>귀농·귀촌 유치·화합 우수마을 지원 사업 : 마을숲원 사업<br>수도권 귀농아카데미운영 : 3회/년<br>마을 환영회 : 읍면별 4회<br>귀농·귀촌 멘토 사업 : 멘토 14명 |
| 군산시 | 주택 및 농지 임차료 지원 : 250만 원 한도<br>농어촌 소득금고 지원 사업 : 1억 이하<br>농기계 및 비닐하우스 등 지원사업 : 귀농교육 이수자<br>주민유대 강화 : 마을환영회 |
| 김제시 | 멘토링 현장실습교육 지원 : 월 80만 원, 5개월<br>농촌주택 수리비 지원사업 : 500만 원(보조 50%)<br>영농정착지원(농기계 및 시설하우스) : 500만 원 내(보조 50%)<br>귀농·귀촌인 집들이 지원 : 30만 원 한도<br>귀농·귀촌인 김제사랑 장학금지원 : 대학생 200만 원<br>수도권 귀농학교 운영: 2회 |
| 남원시 | 원예작물 비가림 하우스 : 1,320만 원(660㎡, 보조 50%)<br>오미자 생산단지 지원 : 2,640만 원(660㎡, 보조 50%)<br>포도시설하우스 : 825만 원(660㎡, 보조 60%)<br>소규모 샾터 조성 지원 : 5천~1억(5~19가구 마을)<br>귀농인 주택수리비 지원 : 500만 원 한도<br>귀농·귀촌인 이사비 지원 : 100만 원 한도 |

| | |
|---|---|
| 무주군 | 귀농인 농가주택 수리비 지원사업 : 500만 원 |
| | 귀농·귀촌인 집들이 비용 지원 사업 : 30만 원 |
| | 청년 귀농·귀촌 활성화 지원 사업 : 500만 원 |
| | 귀농인 주택마련 자금 이자보전금 지원 : 고정금리 2%, 5년 |
| | 귀농인 농기계 임대료 지원 : 임대료의 50% |
| 부안군 | 중소형 농기계 : 500만 원 이하(보조 50%) |
| | 농가주택 수리 : 500만 원 이내 |
| 완산구 | 30만 원 한도 |
| 순창군 | 이사비 : 100만 원 |
| | 주택수리비 : 500만 원 |
| | 소득사업비(소형농기계, 하우스, 묘목) :2,000만 원(보조 50%) |
| | 집들이비 : 50만 원 |
| | 주택 신축 설계비 : 50만 원 한도 |
| 완주군 | 주택 신축·매입비 : 500만 원 한도 |
| | 주택 수리 : 500만 원 한도(자부담 10% 이상 추가) |
| | 농지 매입비 : 250만 원 한도(농지 매입비의 10% 이내) |
| | 농지 임차비 : 250만 원 한도(농지 임차비의 50% 이내) |
| | 이사비 : 50만 원 한도 |
| | 소규모 비닐하우스 : 960만 원 한도(보조 60%) |
| | Two-Job지원 : 50만 원/월(귀농인 파트타임 임금비의 50%) |
| | 동아리 활동지원 : 월 20만 원/개소 |
| | 재능기부 활동지원 : 시간당 2만 원(월 40만 원 이내) |
| | 귀농/귀촌 마을 환영행사 : 80만 원(40명 이상 참석) |
| 익산시 | 현장 실습비 지원 : 월 120만 원 |
| | 박람회, 홍보관, 수도권 귀농학교 : 예산 범위 내 |
| | 귀농인 생산기반 지원 : 1,000만 원(보조 50%) |
| 임실군 | 소득사업 융자사업 : 3,000만 원 한도(연리 1.5%) |
| | 귀농 정착 사업 : 200만 원(보조 50%) |
| | 귀농현장 실습비 : 300만 원 |
| | 귀농/귀촌 교육 훈련비 : 50만 원 |
| | 소득사업 및 생산기반시설 지원 : 1,000만 원(보조 50%) |
| | 주택구입 신축 및 수리지원 : 500만 원(보조 70%) |
| | 귀농/귀촌 다세대 소규모기반 조성지원사업 : 5천~1억 |
| 장수군 | 멘토 컨설팅 지원 |
| | 귀농 동아리 활동 지원 |
| | 재능기부 활동 지원 |

| 정읍시 | 멘토링 지원 : 150만 원, 3개월<br>주택 수리비 지원 : 500만 원(보조 70%)<br>영농정착 지원 : 400만 원(보조 50%)<br>이사비 지원 : 50만 원<br>재능 기부단 운영 : 500만 원<br>귀농·귀촌 워크숍 : 500만 원(1박 2일, 40명)<br>귀농·귀촌 창업 아이디어 공모전 : 3,900만 원/7팀 |
|---|---|
| 진안군 | 귀농인 현장 실습 지원 : 600만 원, 3~7개월<br>수도권 귀농학교 : 3.2만 원/인(보조 90%)<br>귀농·귀촌 활성화 사업 : 9개 사업<br>마을 간사제도 : 120만 원/인<br>소규모 마을 조성 사업 : 1억 이내(4가구 이상 마을 조성)<br>귀농·귀촌 유치 우수마을 인세티브 지원 사업 : 500만 원/마을 |

## | 전라남도

| 시 군 | 지원 사업 요약 |
|---|---|
| 강진군 | 공가 수리 보조사업 : 500만 원<br>귀농 정착 보조사업 : 최대 1,500만 원(보조 50%)<br>귀농 웰촌 조성 보조사업 : 3,100만 원/빈집 5호 이상 마을<br>귀농인 소규모(가공)창업 공모사업 : 2,000만 원/개소<br>강진 귀농사관학교 운영지원사업 : 3,000만 원<br>귀농 1:1 맞춤교육 : 1,800만 원<br>귀농인 유기농 전원 생활대 : 2,000만 원<br>귀농인과 지역민 융화 : 1,000만 원 |
| 고흥군 | 귀농인 현장실습 교육 : 월 80만 원, 선도농가 40만 원, 5개월<br>귀농인 농가주택 수리비 지원 : 500만 원<br>청년 창업농장 지원사업 : 2,000만 원(보조 50%)<br>예비 귀농인 농촌문화체험 팸 투어 : 1,200만 원/120명<br>도시민 선도농가 농촌체험 교육 : 2,800만 원/60명<br>귀농ㅍ귀촌 홈페이지 운영 : 1,000만 원/1식 |
| 곡성군 | 농가주택 수리비 : 500만 원 한도<br>미니채소 시설지원(하우스 330㎡) : 400만 원(보조 70%)<br>신규농업인 인력육성지원(농기계,농지 구입) : 1억 원(보조 50%) |

| | |
|---|---|
| 광양시 | 선도농가 농장현장 인턴실습교육 : 월 80만 원<br>농가주택 수리비 지원 : 2동 |
| 구례군 | 귀농·귀촌인 현장실습 교육 : 6개소<br>귀농인 정착 농업시설 및 농기계 구입지원 : 300만 원(보조 50%)<br>귀농·귀촌인 주택수리비 지원 : 400만 원 한도(보조 80%)<br>귀농·귀촌인 이웃주민 초청행사 : 50만 원 |
| 나주시 | 귀농인 정착지원 사업 : 2,000만 원 (보조 50%)<br>귀농인 농가주택 수리비 지원 사업 : 500만 원(보조 80%)<br>우수 귀농인 농산물 품질향상 지원사업 : 3,000만 원(보조 50%) |
| 담양군 | 귀농인 현장실습 지원 : 월 80만 원, 선도농가 40만 원, 5개월 |
| 무안군 | 귀농인 정착지원 사업 : 2,000만 원(보조 70%)<br>귀농인 농가주택 수리비 지원 사업 : 600만 원 |
| 보성군 | 귀농정착 장려금 지원 : 30만 원/월, 1년간<br>귀농인 농가주택(빈집)수리비 지원 : 500만 원 한도<br>귀농교육 훈련비 지원 : 30만 원(1회) |
| 순천시 | 선도농장 실습비 지원 : 월 80만 원, 선도농가 40만 원 |
| 신안군 | 선도농가 현장 실습비 지원 : 월 80만 원, 선도농가 40만 원<br>귀농인 농가주택 수리비 지원 : 500만 원(자부담 10% 추가)<br>귀농인 정착장려금 지원 : 300~600만 원<br>도시민 유치 장려금 지원 : 100만 원/유치 세대당<br>귀농인 현지 융화지원(집들이) : 50~100만 원 |
| 여수시 | 귀농현장 실습교육 : 월 80만 원, 선도농가 40만 원, 3~7개월<br>귀농인 정착금 지원 : 매월 30만 원, 1년간<br>귀농인 주택수리비 지원 : 500만 원 한도 |
| 영광군 | 귀농인 선도농가 실습교육 : 월 80만 원, 선도농가 40만 원, 3~7개월<br>귀농인 신규 창업농 지원사업 : 2,000만 원(보조 50%)<br>귀농인 소규모 창업농 지원 사업 : 1,000만 원(보조 50%)<br>귀농인 농가주택 수리비 지원사업 : 500만 원<br>귀농인 농산물 직거래 활성화 지원 사업 : 400만 원(보조 50%)<br>귀농·귀촌인 농기계 임대료 감면 : 임대료의 50%<br>귀농인과 지역인 박람회유통 현장 지원 : 800만 원(보조 50%) |

| | |
|---|---|
| 영암군 | 선도농가 실습교육 : 월 80만 원, 3~7개월<br>귀농정착금 지원 : 20~40만 원/월, 3년간<br>빈집 수리비 지원 사업 : 500만 원<br>귀농인 학습동아리 활동지원 : 300만 원/개소 |
| 완도군 | 귀농 정착 장려금: 300만 원<br>농가수택 수리비 지원: 500만 원 |
| 장성군 | 귀농인 현장실습 지원 : 월 80만원, 40개월<br>귀농인 영농정착 지원 : 2,000만 원(보조 50%)<br>귀농인 농가주택 수리비 : 500만 원<br>귀농인 우수 창업농 육성 : 4,000만 원(보조 50%)<br>이주비용 지원 : 30만원<br>아름다운 마을 만들기 지원 : 1,000원/마을 |
| 장흥군 | 귀농어업인 농가주택 수리비 : 500만원<br>귀농어업인 창업 자금 : 2,000만원(보조 50%) |
| 진도군 | 귀농인 현장실습 교육 지원 : 월 80만 원, 선도농가 40만 원, 5개월<br>귀농인 정착지원 : 800만 원(보조 75%)<br>귀농인 영농자재 지원 : 375만 원(보조 80%)<br>귀농인 농가주택 수리비 지원 : 500만 원<br>귀농인 이사비 지원 : 100만 원<br>귀농 청장년 창농 지원 : 3,750만 원(보조 80%) |
| 함평군 | 현장실습 지원 : 월 80만 원, 선도농가 40만 원<br>귀농 정착 지원 : 2,000만 원(보조 50%)<br>농가주택 수리비 : 500만 원 |
| 해남군 | 농업 인턴제 : 매월 120만 원, 6개월<br>주택 수리비 지원 : 500만 원<br>정착 지원 : 2,000만 원(보조 50%)<br>농촌 이주비용 지원 : 50만 원<br>주택취득 비용 지원 : 30만 원<br>영농자재 구입 지원 : 50만 원 |

| 시 군 | 지원 사업 요약 |
|---|---|
| 화순군 | 농업 인턴제 : 매월 120만 원, 6개월<br>귀농학교 운영 지원 : 2회<br>귀농 · 귀촌인 동호회 운영 지원 : 100만 원<br>귀농 정착 지원 : 300만 원(보조 50%)<br>농촌문화 체험 체득 프로그램 : 300만 원<br>도시민 연착륙적응 지원 : 마을잔치 50만 원, 역량강화 교육 200만 원<br>귀농 · 귀촌인 모임체 육성 : 운영비<br>귀농인 농가주택 수리 : 500만 원 |

## | 경상북도

| 시 군 | 지원 사업 요약 |
|---|---|
| 고령군 | 귀농현장 실습교육 : 3~7 개월<br>도시민 농촌 유치 지원 : 환영행사 50만 원, 이사비용 50만 원,<br>　　　　　　　　　　　　　팜 스테이 프로그램 50만 원<br>귀농인의 집 리모델링 : 4,000만 원<br>소규모 귀농마을 조성 : 6,000만 원/마을<br>귀농인 주택수리비 : 300만 원<br>귀농인 농지구입 세금납부 지원 : 100만 원<br>귀농인 영농정착금 지원 : 500만 원(자부담 20% 추가)<br>귀농인 6차산업 저변확대 지원 : 1,000만 원(자부담 30% 추가) |
| 김천시 | 귀농정착 지원 사업 : 1,000만 원<br>귀농인 농가주택 수리비 지원 : 500만 원<br>귀농인 농업인턴제 사업 : 360만 원(1인당 월 60만 원)<br>귀농인 농어촌진흥기금 사업(융자) : 5,000만 원(연리 1%) |
| 문경시 | 귀농인 정착 지원 : 500만 원(보조 80%)<br>귀농인 소득 지원 : 700만 원(보조 80%)<br>주택수리비 지원 : 700만 원(보조 80%)<br>마을주민 초청행사 : 50만 원 |

| 상주시 | 청년 농산업 창업 지원 : 월 80만원, 2년간 |
| | 귀농인 정착지원 사업 : 500만 원(보조 80%) |
| | 귀농인 영농지원 사업 : 500만 원(보조 50%) |
| | 귀농·귀촌인 주택수리비 지원 : 500만 원(보조 50%) |
| | 귀농·귀촌인 주민초청행사 지원 : 40만 원 |
| | 귀농·귀촌인과 지역민 협력 소득지원 사업 : 500만 원(보조 50%) |
| | 귀농·귀촌인 창농·창업 지원 사업 : 1,000만 원(보조 50%) |
| | 귀농·귀촌인 농업경영컨설팅 지원 사업 : 800만 원(보조 50%) |
| | 입주자 주도형 소규모 전원마을 조성사업 : 7,000만 원~1억 |
| | 소규모 전원마을 입주민 초청행사 운영 : 100만 원 |
| | 귀농인 농어촌 진흥기금(융자) : 1억 원 이내(연리 1%) |
| 봉화군 | 귀농인 이사비용 지원 : 100만 원 |
| | 귀농인 정착 장려 : 480만 원 |
| | 귀농인 빈집 수리비 지원 : 300만 원 이내 |
| | 귀농인 정착 지원 : 400만 원 |
| 안동시 | 귀농 정착 지원 사업 : 500만 원(보조 80%) |
| | 귀농인 농어촌 진흥기금 지원(융자) : 1,000~5,000만 원(연리 1%) |
| 영주시 | 귀농인 농어촌 진흥기금 융자사업: 5,000만 원 이내(연리 1%) |
| | 귀농인 정착 지원 사업 : 400만 원 |
| | 귀농·귀촌인 주택수리비 지원사업 : 300만 원 |
| | 귀농인 학자금 지원 보조 사업 : 100만 원 이내(최대 3년) |
| 영천시 | 선도농가 현장실습 지원 : 월 80만 원, 선도농가 40만 원, 5개월 |
| | 귀농 정착 지원 사업 : 500만 원(보조 80%) |
| | 농기계 임대료 반값 지원 : 임대료 50% |
| 의성군 | 멘티·멘토 현장실습 교육 지원 : 월 80만 원, 선도농가 40만 원 |
| | 귀농·귀촌유치 우수마을 지원 사업 : 5가구 또는 10명 이상 유치 마을 |
| | 귀농·귀촌인 이사비용 지원 : 20~60만 원 |
| | 귀농·귀촌인 주민초청행사 지원 : 30만 원 |
| | 소규모 전원마을 조성사업 : 1억 |
| | 귀농인 농어촌진흥기금 지원사업(융자) : 1,000~5,000만 원(연 1%) |
| | 귀농인 정착지원 사업 : 500만 원(보조 80%) |
| | 귀농인 주거환경 개선사업 : 1,000만 원(보조 50%) |
| | 귀농인 영농체험 현장 학습 : 6개소 / 귀농투어 : 2회 |
| | 귀농인의 집 리모델링 지원사업 : 5개소 |
| | 귀농인 지역 재능기부 : 활동비 |
| | 귀농인 융화 지원사업 : 1,000만 원 |
| | 귀농·귀촌인 환영의 날 행사 운영 : 필요경비 |

| 청도군 | 귀농 정착 지원 사업 : 500만 원(보조 80%)<br>귀농인 정착 장려금 지급 : 100~200만 원 |
|---|---|
| 청송군 | 영농 정착금 지원 : 400만 원<br>주택수리비 지원 : 300만 원<br>농지구입 이자 지원 : 150만 원 한도<br>농지구입 세제 지원 : 200만 원 한도<br>귀농학교 수강료 지원 : 30만 원 |
| 예천군 | 귀농인 현장실습 지원 : 월 80만 원, 선도농가 40만 원, 5개월<br>귀농인 정착 지원 : 500만 원(보조 80%)<br>귀농인 농가주택(빈집) 수리비 지원 : 500만 원(보조 80%)<br>귀농인 영농기반 지원 : 500만 원(보조 80%)<br>귀농인 이사비 지원 : 100만 원<br>귀농인 주민초청행사(집들이) 지원 : 50만 원 이내<br>귀농인 코디네이션 지원 : 10만 원/월<br>귀농인 농어촌 진흥기금 지원(융자) : 1,000~5,000만 원(연리 1%)<br>청년 농산업 창업지 : 1,000만 원<br>신규 취농 지원 농지매입 사업 : 임대료 지원<br>귀농 · 귀촌 농촌마을 체험 프로그램(팜투어) : 1회(40명) |

## | 경상남도

| 시 군 | 지원 사업 요약 |
|---|---|
| 거제시 | 귀농정착 지원 : 375만 원 |
| 거창군 | 귀농 인턴제 : 80만 원, 8개월<br>귀농세대 영농정착금 지원 : 500만 원<br>도시민 유치 현장 상담실 운영 : 연 4회<br>귀농 · 귀촌인 홍보물 제작 : 1,000만 원<br>귀농인 연합회 운영 : 300만 원<br>귀농 · 귀촌 멘토링 사업 : 5만 원/회<br>영농 체험농장 조성 : 1,000만 원<br>귀농 · 귀촌인 상생프로그램 운영 : 행사 시<br>귀농인 생산농산물 포장재 지원 : 2,000만 원 |
| 고성군 | 영농정착 지원 : 500만 원<br>노후주택(빈집) 수리비 지원사업 : 500만 원 |
| 김해시 | 귀농정착 지원사업 : 375만 원 |
| 남해군 | 귀농자 정착 지원 : 200만 원 |

| | |
|---|---|
| 밀양시 | 청년 창업농 지원 : 1,000만 원<br>귀농인과의 대화 및 만남의 장 운영 |
| 사천시 | 선도농가(귀농인) 현장실습교육 : 월 80만 원, 선도농가 40만 원 |
| 산청군 | 신규 농업인 영농정착 지원사업 : 400만 원<br>선도농가 현장실습교육 지원 : 월 80만 원, 선도농가 40만 원<br>전입 축하기념품 전달 : 10만 원 상당 농산물<br>귀농·귀촌인 주택수리비 지원사업 : 300만 원 한도<br>귀농·귀촌인 농업창업자금 지원 : 사업계획서 검토 후 |
| 양산시 | 선도농가 현장실습교육 : 월80만 원, 선도농가 40만 원<br>주민 소득지원사업(융자) : 3,000만 원~1억(연리 1%) |
| 의령군 | 귀농인 현장실습지원 사업 : 월 80만 원, 선도농가 40만 원<br>귀농인 마을 기초생활 기반조성 지원사업 : 5,000만 원/마을<br>귀농 선도농가 소득모델 창출 지원사업 : 2,200만 원(보조 50%)<br>귀농 정착 지원 사업 : 600만 원(보조 50%) |
| 창녕군 | 영농정착금 : 500만 원('08.7.1~'10.12.31 전입세대는 100만 원)<br>영농자재비 : 100만 원('08.7.1~'14.12.31 전입세대는 30만 원)<br>현장실습 멘토링 : 월 30만 원, 8개월 한도<br>귀농교육 수강료 : 30만 원<br>귀농·귀촌인과 주민과의 화합 한마당 : 소요 비용<br>귀농안내 도우미 : 5만 원/회 |
| 창원시 | 농업 창업자금-농지구입(융자) : 2.95억 원 |
| 통영시 | 귀농인 선도농가 현장실습교육 : 월 80만 원, 선도농가 40만 원, 6개월 |
| 하동군 | 농업인턴 지원사업 : 360만 원(보조 80%) |
| 함양군 | 귀농정착 지원 : 300만 원 |
| 합천군 | 신규농업인 영농정착지원 사업 : 1,000만 원(보조 70%)<br>신규농업인 주택수리비지원 사업 : 500만 원<br>귀농인 선도농가 현장실습 지원 : 월 80만 원 |


## | 제주특별자치도

| 시 군 | 지원 사업 요약 |
|---|---|
| 제주시 | 귀농·귀촌인 농가주택 수리비 지원 : 572만 원(보조 70%) |

## 부록3. 지역별 사회복지정책 정보

## 경기도

| 시 군 | 사업명 | 내용 요약 |
|---|---|---|
| 양주시 | 농어촌 보육여건 개선 | 어린이집 보육교사 수당(15일 이상근무) |
| | 농가도우미 지원 사업 | 출산(예정)여성농업인 농·작업도우미 지원 |
| | 농업인자녀 학자금 지원 | 고등학생 입학금, 수업료 지원 |
| | 농업인자녀 대학생 학자금지원 | 무이자 학자금 융자 지원 |
| | 여성농업인 행복 바우처 | 여성농업인에게 행복 바우처 카드 지원 |
| 이천시 | 농가도우미 지원 사업 | 출산(예정)여성농업인 농·작업도우미 지원(90일) |
| | 여성농업인 행복 바우처 | 20만 원/인(자부담 4만 원) |
| | 농업인자녀 학자금 지원 | 고등학생 입학금, 수업료 지원 |
| 파주시 | 농가도우미 지원 사업 | 5만 원/일 |
| | 농업인자녀 학자금 지원 | 고등학생 입학금, 수업료 지원 |
| | 농업인 건강보험료 지원 | 건강보험료의 50% 경감 |
| | 농업인 연금보험료 지원 | 공단 확인 후 소득대비 차등 지원 |

## | 강원도

| 시 군 | 사업명 | 내용 요약 |
|---|---|---|
| 강릉시 | 농업인자녀 학자금 지원 | 고등학생 입학금, 수업료 지원 |
| | 농가도우미 지원 사업 | 4만 원/일 |
| | 출산 장려금 지원 | 첫째 10만 원, 둘째 30만 원, 셋째 50만 원<br>넷째 100만 원 및 임산부영양제, 건강관리용품 |
| 고성군 | 농촌건강장수마을 지원 | 출산(예정)여성농업인 농작업도우미 지원(90일) |
| | 농촌안전 생활환경 개선 | 20만 원/인(자부담 4만 원) |
| | 여성농업인 농작업 개선 지원 | 고등학생 입학금, 수업료 지원 |
| | 마을회관 신축 지원 | 100㎡/동(신청 마을) |
| | 농업인 안전 공제료 지원 | 국고 50%, 도비 25%, 농협 25% |
| 동해시 | 농업인자녀 학자금 지원 | 고등학생 입학금, 수업료 지원 |
| | 농가도우미 지원 사업 | 3만 원의 80%/일 |
| | 주택수리비 지원 | 150만 원/세대 |
| 삼척시 | 농업인자녀 학자금 지원 | 고등학생 입학금, 수업료 지원 |
| | 출산 장려금 지원 | 둘째 50만 원, 셋째 100만 원 |
| 속초시 | 농업인자녀 학자금 지원 | 고등학생 입학금, 수업료 지원 |
| 양구군 | 여성농업인 센터 운영 | 영유아 보육 및 방과 후 학습지도, 문화 활동 |
| | 농업인자녀 학자금 지원 | 고등학생 입학금, 수업료 지원 |
| | 농가도우미 지원 사업 | 4만 원/일, 30일간 |
| | 농촌총각 결혼 지원 | 농업종사 미혼남성의 국제 결혼비 일부 |
| | 여성농업인 개인작업 환경개선 | 농작업 보조구 |
| 양양군 | 출산 장려 지원 | 출산용품 및 건강진단비 : 10만 원 상당/1회<br>첫째 10만 원/1회, 둘째 10만 원/1년, 셋째 10만 원/3년<br>안전보험료 : 둘째부터 월 3만 원/ 5년간 |
| | 자녀 양육 지원 | 양육수당 : 10~20만 원/월<br>보육시설 미이용·아동, 보육료 : 22~40만 원/월, 만 5세까지 |
| | 친환경농산물 학교무료급식 | 초, 중, 고교생에게 친환경쌀 무상 지원 |
| | 노인사회 활동 지원 사업 | 12개 분야 1,004명 일자리사업 지원/65세 이상 |

| | | |
|---|---|---|
| 영월군 | 전입학생 지원 | 기숙사비(대학생 및 고등학생) |
| | 전입 장려금 | 10~20만 원/전입 1년 후 |
| 원주시 | 농업인자녀 학자금 지원 | 고등학생 입학금, 수업료 지원 |
| | 농가도우미 지원 사업 | 4만 원/일, 출산(예정)여성농업인 |
| | 출산 장려금 지원 | 첫째 10만 원, 둘째 30만 원, 셋째 50만 원 |
| 인제군 | 농업인 영유아 지원 | 보육시설 이용료 : 월 11만 원 |
| | 출산 장려금 지원 | 240만 원/출산(예정)여성농업인 |
| | 농업인자녀 학자금 지원 | 고등학생 입학금, 수업료 지원 |
| | 농업인건강보험, 연금보험 | 건강보험료 50%경감, 연금보험료 차등지원 |
| 춘천시 | 농업인자녀 학자금 지원 | 고등학생 입학금, 수업료 지원 |
| | 여성농업인 개인작업 환경개선 | 농작업 보조구 지원 |
| | 여성농업인 복지 바우처 지원 | 10만 원/년(자부담 포함) |
| 태백시 | 농업인자녀 학자금 지원 | 고등학생 입학금, 수업료 지원 |
| | 농가도우미 지원 사업 | 4만 원/일, 최장 60일간 |
| | 다문화가정국적취득자정착지원 | 20만 원/1회 |
| | 출산 장려금 지원 | 첫째 20만 원, 둘째 100만 원, 셋째 이상 20만 원/월(1년), 학교급식비 방과 후 수업료 |
| | 전입세대 장려금 지원 | 30만 원/3년(매년 10만 원) |
| | 농업정보지원 | 농업인신문 및 농민신문 |
| | 결혼이민자 모국방문 지원 | 항공권, 여행보험, 체재비 |
| | 여성농업인 복지 바우처 지원 | 10만 원/년(보조 80%) |
| 평창군 | 농업인자녀 학자금 지원 | 고등학생 입학금, 수업료 지원 |
| | 농가도우미 지원 사업 | 3.2만 원/일, 출산(예정)여성농업인 |
| | 출산 장려금 지원 | 셋째 이상 : 50만 원/매년(3년간) |
| 홍천군 | 농업인 재해공제금 지원 | 농작업 중 신체상해 보상 |
| | 여성농업인 복지 바우처 지원 | 문화생활제공/20~65세 미만 |
| | 농가도우미 지원 사업 | 4만 원/일, 출산(예정)여성농업인, 60일간 |
| | 농업인자녀 학자금지원 | 고등학생 입학금, 수업료 지원 |
| | 여성농업인 작업환경 개선 | 영농부담 경감 |

| 시 군 | 사업명 | 내용 요약 |
|---|---|---|
| 화천군 | 농업인자녀 학자금 지원 | 고등학생 입학금, 수업료 지원 |
| | 농가도우미 지원 사업 | 2.4만 원/일, 출산(예정)여성농업인 |
| | 출산 장려금 지원 | 셋째 이상 50만 원/년, 3년간 |
| 횡성군 | 농업인자녀 학자금 지원 | 고등학생 입학금, 수업료 지원 |
| | 농가도우미 지원 사업 | 4만 원/일, 출산(예정)여성농업인 |
| | 출산 장려금 지원 | 첫째 20만 원, 둘째 50만 원/2회, 셋째 1,080만 원(월 30만 원, 3년) |

## | 충청북도

| 시 군 | 사업명 | 내용 요약 |
|---|---|---|
| 괴산군 | 농가도우미 지원 사업 | 4만 원/일, 출산(예정)여성농업인, 60일간 |
| | 농업인자녀 학자금 지원 | 고등학생 입학금, 수업료 지원 |
| | 농업인건강보험료, 연금보험료 지원 | 건강보험료 : 부과점수에 따라 차등지원 |
| | | 연금보험료 : 부과금의1/2한도(최대40,950원) |
| | 여성농업인 복지 바우처 지원 | 16만 원(자부담 2만 원) |
| 단양군 | 농가도우미 지원 사업 | 4만 원/일, 출산(예정)여성농업인, 80일간 |
| | 농촌 양육수당 지원 | 10~20만 원, 어린이집 · 유치원 미이용 어린이 |
| | 출산 장려금 지원 | 지역상품권 20만 원, 둘째 10만 원(1년간), 셋째 20만 원(1년간) |
| | 출생아 건강보험료 지원 | 둘째 이상 부모 : 월 2만 원/5년납 (10년 보장) |
| | 여성장애인 출산 장려금 지원 | 1~2급 장애인 100만 원, 3~6급장애인 70만 원 |
| | 셋째 자녀 보육 양육비 지원 | 0세 35만 원/1세 30.8만 원/2세 25.4만 원/3~5세 15.8만 원 |
| | 보육료 지원 | 0세 39.4만 원/ 1세 34.7만 원/ 2세 28.6만 원/ 3~세 22만 원, 취학아동 방과 후 보육료 10만 원 |
| | 농업인 안전공제 가입 지원 | 안전 공제료 50% 보조 |
| | 유기농업 전문기술지 보급 | 친환경농산물 인증농가 : 6,5천 원 × 12개월 |
| | 저소득층자녀 우유급식비 지원 | 430원 x 250일/명 |

| | | |
|---|---|---|
| 보은군 | 신생아 청각선별 검사비 지원 | 검사쿠폰/평균소득 60% 이하 저소득 출산가구 |
| | 미숙아, 선천성이상아 의료비 | 의료비/평균소득 150% 이하 미숙아 출산가구 |
| | 전입 장려금 | 20만 원/2인 이상 가구 |
| | 출산 축하금 지원 | 100만 원/1회 |
| | 출산 장려금 지원 | 둘째 10만 원/12개월, 셋째 20만 원/12개월, 15만 원/13~24개월 |
| | 다자녀 입학 축하금 | 30만 원/1회 |
| | 추가 보육료 지원(3~5세) | 국공립과 민간어린이집 보육료 차액분 |
| | 저소득층 화재보험 가입 | 맞춤형 급여대상자 : 보상금액 1,580만 원 이내 |
| | 화장 장려금 지원 | 20만 원/시체화장, 10만 원/유골화장 |
| 옥천군 | 농가도우미 지원 사업 | 4만 원/일, 출산(예정)여성농업인, 80일간 |
| | 여성농업인 행복 바우처 지원 | 16만 원(자부담 2만 원)기프트카드/년 |
| | 농업인자녀 학자금 지원 | 고등학생 입학금, 수업료 지원 |
| 음성군 | 농업인자녀 학자금 지원 | 고등학생 입학금, 수업료 지원 |
| | 여성농업인 행복 바우처 지원 | 15만 원(자부담 2만 원)기프트카드/년 |
| | 농가도우미 지원 사업 | 임금의 80%/일, 출산(예정)여성농업인, 80일간 |
| 제천시 | 여성농업인 행복 바우처 지원 | 16만 원(자부담 2만 원)기프트카드/년 |
| | 농업인자녀 학자금지원 | 고등학생 입학금, 수업료 지원 |
| | 농가도우미 지원 사업 | 출산(예정)여성농업인 영농대행 및 가사 지원 |
| | 농업인 안전공제 가입 지원 | 일반 3형 기준 공제료125.6천 원(자부담 43,960원) |
| 증평군 | 농업인자녀 학자금 지원 | 고등학생 입학금, 수업료 지원 |
| | 여성농업인 행복 바우처 지원 | 16만 원(자부담 2만 원)기프트카드/년 |
| | 출생아 보험료 지원 | 2만 원/월, 5년간 (18세 보장) |
| | 농업인 건강 보험료 지원 | 부과점수에 따라 차등지원(최대 50%) |
| | 농업인 연금 보험료 지원 | 연금 부담금(최고 40,950원) |
| | 농촌총각 국제결혼 지원 | 소요경비의 일부(300만 원/인) |
| | 농가도우미 지원 사업 | 4만 원/일, 출산(예정)여성농업인, 80일간 |
| | 출생아 백일기념 사진비 지원 | 출생아 백일기념 사진비 지원 |

| 시 군 | 사업명 | 내용 요약 |
|---|---|---|
| | 출산장려금 지원(도비) | 출산장려금 지원(도비) |
| | 출산장려금 지원 | 첫째~둘째 30만 원/ 셋째~넷째 60만 원, 다섯째 260만 원/ 여섯째 이상 460만 원 |
| 진천군 | 여성농업인 행복 바우처 지원 | 15만 원 기프트카드/년 |
| | 농가도우미 지원 사업 | 4만 원/일, 출산(예정)여성농업인, 80일간 |
| | 농업인자녀 학자금지원 | 고등학생 입학금, 수업료지원 |
| 청주시 | 농업인 안전공제 가입 지원 | 산재보험 가입 |
| | 농업인자녀 학자금지원 | 고등학생 입학금, 수업료 지원 |
| | 농촌 보육여건 개선사업 | 11만 원/월, 보육교사 특별근무 수당 |
| | 여성농업인 센터 운영 지원 | 운영비 지원 |
| | 여성농업인 행복 바우처 지원 | 기프트카드 발급 |
| | 농가도우미 지원 사업 | 출산(예정)여성농업인, 80일간 |
| 충주시 | 여성농업인 행복 바우처 지원 | 16만 원 기프트카드/년 |
| | 농업인자녀 학자금 지원 | 고등학생 입학금, 수업료 지원 |

## | 충청남도

| 시 군 | 사업명 | 내용 요약 |
|---|---|---|
| 공주시 | 출산 장려금 | 첫째 50만 원/ 둘째 100만 원/ 셋째 200만 원 |
| | 농업인자녀 학자금 지원 | 고등학생 입학금, 수업료 지원 |
| | 농업인 건강 보험료 지원 | 건강보험료의 50% |
| | 농가도우미 지원 사업 | 3.2만 원/일, 출산(예정)여성농업인, 45일간 |
| 논산시 | 농업인 학비보조 | 중. 고등학교 지원 |
| | 농업인 지방세 감면 | 농지 취득세. 등록세 50% 감면 |
| 당진시 | 농어촌 양육 수당 | 10~20만 원/0~5세 미만(취학 전 아동) |
| | 농어촌 보육교사 처우개선비 | 11만 원/월, 보육교사 특별근무 수당 |
| | 농업인자녀 학자금 지원 | 고등학생 학자금 지원 |

| | | |
|---|---|---|
| | 농가도우미 지원 사업 | 3.2만 원/일, 출산(예정)여성농업인, 45일간 |
| | 국민연금, 건강보험료 지원 | 국민연금, 건강보험료 50% 경감 |
| 보령시 | 농업인자녀 학자금 지원 | 고등학생 학자금 지원 |
| | 농촌 보육여건 개선사업 | 여건 개선 |
| | 농업인 안전공제 | 보험 납입액의 75% 지원 |
| 부여군 | 농업인자녀 학자금 지원 | 당해학교의 입학금, 수업료 지원 |
| | 농촌보육교사 특별 지원 | 11만 원/월 특별근무 수당 |
| | 농가도우미 지원 사업 | 3.2만 원/일, 출산(예정)여성농업인, 45일간 |
| | 농업인 건강, 연금보험료 지원 | 보험료의 1/2한도(최고 40,950원) |
| | 취약농가 인력지원 | 영농도우미 추가: 4.2만 원/일, 10일 이내<br>가사도우미 추가 : 1.2만 원/일, 12일 이내 |
| | 출산장려금 | 첫째 50만 원/ 둘째 200만 원/셋째 500만 원/넷째 이상 1천만 원 *쌍둥이 출산 시 별도 100만 원 |
| | 전입세대 지원 | 5만 원 상당 상품권, 생활용품구입비 : 30만 원/1 년차, 2~5년차 각 20만 원, 1년 이하는 영아신분 증, 400L 쓰레기봉투 지원 |
| 서산시 | 농업경영 컨설팅 개선사업 | 농업경영 컨설팅 지원 |
| 서천군 | 슬레이트 처리 및 빈집 정리사업 | 336만 원/처리비용, 빈집 철거 |
| | 빈집 정비사업 | 200만 원/ 빈집소유자 철거비용 |
| | 농업인자녀 학자금 지원 | 고등학생 입학금, 수업료 지원 |
| | 농어업발전기금 지원 사업 | 5천만 원 한도 융자, 연리 2% |
| | 출산 지원금 | 첫째 30만 원, 둘째 50만 원, 셋째 이상 80만 원, 돌 축하금 20만 원(1년 이상 거주자) |
| | 양육 지원금 | 셋째 월 5만 원, 넷째 월 10만 원, 다섯째 월 15만 원, 여섯째 이상 월 20만 원 |
| | 참전유공자, 독립유공자 지원 | 명예수당 10만 원/월 |
| | 보훈 명예수당 | 5만 원/월 |
| | 노인 일자리 및 사회활동지원 | 꿈나무 급식(학교급식보조) 외 18개 사업 |

| | | |
|---|---|---|
| 아산시 | 농업인 영유아 양육비 지원 | 0~5세 유아시설 미이용 자녀 양육비 일부 지원 |
| | 농업인자녀 학자금 지원 | 고등학생 입학금, 수업료 지원 |
| 천안시 | 농가도우미 지원 사업 | 144만 원/출산 여성농업인 |
| | 농업인자녀 학자금 지원 | 고등학생 입학금, 수업료 지원 |
| | 농촌공동급식 지원 | 122만 원/공동급식 마을 |
| | 농촌보육교사 특별지원 | 11만 원/월 특별근무 수당(월 15일 이상 근무자) |
| 청양군 | 농가도우미 지원 사업 | 출산(예정)여성농업인 영농 대행비 일부(80%) |
| | 농업인자녀 학자금지원 | 고등학생 입학금, 수업료 지원 |
| | 농업경영 컨설팅 지원 | 컨설팅비용의 일부 |
| | 농촌마을 공동급식 지원 | 급식도우미 수당(인건비) 지원 |
| | 농촌보육교사 특별지원 | 11만 원/월 |
| | 한국농어민신문, 농정신문 지원 | 후계농업경영인, 농업인단체 정보지 |
| | 색깔있는 마을 농촌현장포럼<br>- 동기부여 선행 사업비 | 주민역량강화 및 마을발전계획 수립<br>- 마을발전계획 수립마을 |
| 태안군 | 새마을자금 융자 | 귀농운영금고 : 2천만 원 (30농가) |
| 홍성군 | 농가도우미 지원 사업 | 출산(예정)여성농업인 영농 대행비 일부(80%) |
| | 농업인자녀 학자금지원 | 고등학생 입학금, 수업료 지원 |
| | 농업경영 컨설팅 지원 | 컨설팅비용의 일부 |
| | 농촌마을 공동급식 지원 | 급식도우미 수당(인건비) 지원 |
| | 농촌보육교사 특별지원 | 11만 원/월 |
| | 한국 농정신문 구독 지원 | 후계농업경영인, 농업인단체 정보지 |
| | 색깔 있는 마을 농촌현장포럼 | 주민역량강화 및 마을발전계획 수립 |

# | 전라북도

| 시 군 | 사업명 | 내용 요약 |
|---|---|---|
| 고창군 | 농업인자녀 학자금 지원 | 고등학생 입학금, 수업료 지원 |
| | 농업인 안전보험 지원 | 농업인 부담액 전액 |
| | 농가도우미 지원 사업 | 4만 원/일 |
| | 영농도우미 지원 | 6만 원/일 |
| 군산시 | 농업인자녀 학자금 지원 | 고등학생 입학금, 수업료 지원 |
| | 농가도우미 지원 사업 | 4만 원의 90%/일 |
| 김제시 | 농가도우미 지원 사업 | 4만 원의 90%/일 |
| | 영농도우미 농가부담금 지원 | 6만 원의 15%(자부담 15%) |
| | 농업인자녀 학자금 지원 | 고등학생 입학금, 수업료 지원 |
| | 농업인 안전보험 부담금 지원 | 일반 1형의 농가부담금 50% 정액 지원 |
| | 출산 장려금 지원 | 둘째 100만 원/셋째 200만 원/ 넷째 300만 원/ 다섯째 500만 원/여섯째 800만 원/일곱째 이상 1천만 원 |
| 남원시 | 여성농업인 상생 바우처 지원 | 연간12만 원/인 (자부담 2만 원) |
| | 출산 장려금 지원 | 첫째 50만 원/ 둘째 100만 원/ 셋째 300만 원/ 넷째 이상 400만 원 |
| | 농업경영 컨설팅 지원 | 컨설팅 비용 |
| | 농가도우미 지원 사업 | 3.6만 원/일 출산(예정)여성농업인, 60일간 |
| | 농업인 안전보험 부담금 지원 | 농업인 부담금의 75% |
| | 농작물 재해보험 | 보험가입액의 79%(벼 등 37개 품목) |
| | 농가도우미 부담금 지원 | 6만 원의 85%, 10일까지 |
| | 농업인자녀 학자금 지원 | 고등학생 입학금, 수업료 지원 |
| 부안군 | 농업인자녀 학자금 지원 | 고등학생 입학금, 수업료 지원 |
| | 출산 장려금 지원 | 둘째 100만 원/ 셋째 300만 원 |
| | 농어촌 양육수당 지급 | 10~20만 원, 유치원, 유아원 미취학 아동 |
| | 농가도우미 지원 사업 | 농가도우미 2,016만 원, 60일간 |

| | | |
|---|---|---|
| 순창군 | 냉동저장고 설치 지원 | 설치희망자/ 복분자·오디 등 1ha 이상 재배 |
| | 농작물 재해보험 | 주요작물 45개 |
| | 농가도우미 부담금 지원 | 6만 원/일, 10일 한도 |
| | 농가도우미 지원 사업 | 4.5만 원/일 출산(예정)여성농업인, 70일 한도 |
| | 농업인자녀 학자금 지원 | 고등학생 입학금, 수업료 지원 |
| | 고령 영세농 영농비 지원 | 150원/㎡, 65세 이상 농업인 |
| | 농업인 안전보험 가입 지원 | 가입비의 75% |
| | 옥천 인재숙 | 중3~고3학년 방과 후 합숙교육 |
| 완주군 | 농번기 마을공동급식 지원 | 인건비 4만 원/일, 부식비 2만 원, 연 70일 |
| | 농업인 안전보험 지원 | 가입비 전액 |
| | 농업인자녀 학자금 지원 | 고등학생 입학금, 수업료 지원 |
| | 농가도우미 지원 사업 | 3.6만 원/일 출산(예정)여성농업인, 60일 한도 |
| | 영농도우미 | 6만 원/일, 10일 이내 |
| | 농촌보육교사 특별지원 | 11만 원/월, 특별근무 수당 |
| | 출산·육아 지원금 | 3자녀 이상 600만 원 |
| | 산모 신생아 건강관리 지원 | 소득기준 50% 이하 산모: 35만 원 +추가 일반 산모 : 35만 원(본인부담 일부) |
| | 전입 지원금 | 2인 이상 전입세대 : 10만 원 이내 상품권, 4인 이상 전입세대 : 20만 원 이내 상품권, 완주소재 대학교 재학생 : 30만 원 이내 상품권 |
| 익산시 | 농업인 복지 지원 | 학자금, 농가도우미, 출산여성도우미 지원 등 |
| | 마을회관 실버타운형 지원 | 공동생활형 마을회관 |
| | 친환경 화장실 설치 | 발효식 화장실/공동경작지역 |
| | 유휴 공간 정원쉼터 조성 | 마을공동정원 설계 및 운영 |

| 시 군 | 사업명 | 내용 요약 |
|---|---|---|
| 장수군 | 그린 장수치유의 숲 조성 | 맑은 환경 조성 |
| | 장기 임대주택 사업 | 깨끗하고 저렴한 주택 공급 |
| | 도시가스 공급 | 에너지비용 절감 |
| | 영농도우미 농가부담금 지원 | 최대 4.2만 원/일 |
| | 농업인자녀 학자금지원 | 고등학생 입학금, 수업료 지원 |
| 정읍시 | 농어업인 건강보험료 지급 | 건강보험료의 28% |
| | 출산여성 농가도우미 | 영농 및 가사업무 |
| | 지역 창안대회 | 300만 원/팀, 40팀 |
| 진안군 | 농가도우미 지원 사업 | 인건비 3.6만원/일 출산(예정)여성농업인 |
| | 사고 질병농가영농도우미 지원 | 인건비 6만 원/일(90%) |
| | 농업인자녀 학자금 지원 | 고등학생 입학금, 수업료 지원 |
| | 농기계 종합보험 지원 | 농가부담액의 50%(최대 12.5만 원) |
| | 농어촌보육교사 특별지원 | 11만 원/월 |

## | 전라남도

| 시 군 | 사업명 | 내용 요약 |
|---|---|---|
| 강진군 | 산모·신생아 건강관리 지원 | 서비스 이용권 지급 |
| | 인재육성 기금(귀농인) | 중학생 30만 원/고등학생 50만 원/대학생 200만 원 |
| | 신생아 출산용품 지원 | 귀속형 체온기, 신생아 기저귀 |
| | 신생아 건강보험 지원 | 셋째 이상 출생 : 3만 원/월 이내 건강보험료,5년 |
| | 출산 준비금 지원 | 임신 10개월째 임산부 : 20만 원(쌍태아는 각각) |
| | 신생아 양육비 지원 | 첫째 120만 원/둘째 240만 원/셋째 420만 원<br>※셋째 이상은 18, 24, 30개월에 각 100만 원 추가 |
| | 임산부 초음파검진 의료비 지원 | 2만 원/회(최대 6만 원) |
| | 화장 장려금 지원 | 30만 원/회 |
| | 장수수당 지급 | 5만 원/월, 90세 이상 노인 |

| | 귀농인 자녀 장학금 | 중·고·대학생 간단 외래진료비 할인 |
|---|---|---|
| | 농업인 연금보험료 | 부담금의 1/2 |
| | 농업인 건강보험료 | 부담금의 28% 지원 |
| 고흥군 | 농어촌 신생아 양육비 지원 | 30만 원/인 |
| | 출생 장려금 지원 | 둘째 120만 원/ 셋째 이상 480만 원 |
| | 농어촌 주택개량 융자 사업 | 담보물 감정평가액 한도(금리 2.7%) |
| | 신생에너지 주택지원 사업 | 140만 원/가구 |
| | 서민층 가스시설 지원사업 | 22.5만 원/가구 (기초생활수급자, 차상위 계층) |
| | 노후 슬레이트지붕 처리지원 | 336만 원/가구 |
| | 농업인자녀 학자금지원 | 고등학생 입학금, 수업료 지원 |
| | 농업인 연금보험료 지원 | 보험료의 최대 50% |
| | 농업인 건강보험료 지원 | 보험료의 28% |
| | 농촌출신 대학생 학자금 융자 | 등록금 범위 내 신청액 |
| 곡성군 | 영·유아 양육 수당 | 10~20만 원/월, 0세~취학 전까지 |
| | 취미 교양활동 지원 | 밸리댄스, 악기·연주 등 30종 학습비 |
| | 인문학강좌 수강기회 제공 | 곡성군 리더스아카데미강좌(매월 3회 이상) |
| | 농어촌 양육 수당 | 10~17만 원/월, 0세~취학 전 |
| | 영·유아 양육 수당 | 10~20만 원/월, 0세~취학 전 |
| | 군민 자전거 단체보험 지원 | 희망자, 상해사망 등 8종 |
| | 초등학생 입학축하금 지원 | 20만 원/명 |
| | 출산 축하용품 지원 | 10만 원 상당 물품지급(기저귀 등) |
| | 신생아 건강보험료 등 지원 | 건강보험료 3년간(5년 보장)<br>청각선별검사 쿠폰 |
| | 신생아 양육비 지원 | 첫째 60만 원/둘째 120만 원<br>셋째 이상 320만 원 |
| | 도시지역 병원이용 혜택 | 광주지역 종합병원,<br>산부인과병원 등 8개 병원 |

| | | |
|---|---|---|
| | 주택개량사업 | 최대 6천만 원 융자(연리 2.7%),<br>신축취득세 감면 |
| | 귀농인 주택구입 자금 | 최대 4천만 원 융자(연리 3%) |
| | 주민소득 지원 기금 | 1억 한도(무이자, 2년 거치 3년 상환) |
| | 국민연금 및 건강보험료 지원 | 50% 경감 |
| | 농가 도우미 지원 | 5만 원/일, 최대 70일 |
| | 농업인자녀 학자금 지원 | 고등학생 입학금, 수업료 지원 |
| 광양시 | 농업인 연금보험료 | 부담 보험료의 1/2 |
| | 농업인 건강 보험료 | 부담 보험료의 28% |
| | 농업인자녀 학자금 지원 | 고등학생 입학금, 수업료 지원 |
| | 농어촌 양육수당 | 10~20만 원/월, 어린이집 유치원 미이용 자녀 |
| | 농가 도우미 지원 | 4만 원의 80%/일, 최대 70일 |
| 구례군 | 농업인 연금보험료, 건강보험료 | 부담 보험료의 각 50% |
| | 농업인자녀 학자금 지원 | 고등학생 입학금, 수업료 지원 |
| | 농어촌 양육수당 | 10~20만 원/월, 어린이집 유치원 미이용 자녀 |
| | 출생 장려금 지원 | 첫째 70만 원/둘째 100만 원<br>셋째 이상 300만 원 |
| | 농가 도우미 지원 | 4만 원의 80%/일, 최대 45일 |
| 나주시 | 농업인 연금보험료 | 부담 보험료의 1/2 |
| | 농업인 건강 보험료 | 부담 보험료의 28% |
| | 농업인자녀 학자금 지원 | 고등학생 입학금, 수업료 지원 |
| | 농어촌 양육수당 | 10~20만 원/월, 어린이집 유치원 미이용 자녀 |
| | 농가 도우미 지원 | 4만 원의 80%/일, 최대 70일 |
| 담양군 | 농업인 연금보험료 | 부담 보험료의 1/2 |
| | 농업인 건강 보험료 | 부담 보험료의 28% |
| | 농업인자녀 학자금 지원 | 고등학생 입학금, 수업료 지원 |

| | | |
|---|---|---|
| | 농어촌 양육수당 | 10~20만 원/월, 어린이집 유치원 미이용 자녀 |
| | 농가 도우미 지원 | 5만 원의 80%/일, 최대 70일 |
| 보성군 | 전입 장려금 지원 | 10만 원 상당 보성사랑 상품권 지급 |
| | (재) 보성장학재단 운영 | 장학생 선발 및 장학금 지원 |
| | 원어민 영어 화상 학습 | 수강료지원, 노원구와 연계 |
| | 보성영재교육원 지원 | 프로그램 등 운영비 |
| | 초. 중교 무상급식 | 무상급식 지원 |
| | 인재육성 기반 조성 | 고교별 장학지원 등 |
| | 외국어 체험센터 | 강사료 및 운영비/보성 남초 |
| | 영어체험교실 운영지원 | 강사료 및 운영비/ 4개교 |
| | 방과후 학교 지원 | 방과 후 학습운영비 지원 등 |
| | 교과목 학력신장 사업 | 고교 방과 후 심화학습 프로그램 운영/3개 고 |
| | 다문화 가족 정착지원료 | 30만 원/인 |
| | 다문화 가족 산모도우미 지원 | 70만 원/ 산모 도우미 활용(30일) |
| | (농어촌) 양육수당 지원 | 10~20만 원/월, 어린이집 유치원 미이용 자녀 |
| | 영 유아 보육료 지원 | 40.6~22만 원/만 0~5세 영·유아 |
| | 여성·어린이 건강관리 사업 | 임산부 철분제, 엽산제 지원 |
| | 임산부영유아보충영양식품 지원 | 영·유아의 보충 영양식품/저소득층 |
| | 영·유아 사전 예방적 건강관리 | 검진비(의료비) 지원 |
| | 산모 신생아 건강관리 지원 | 태아별 10~20일 |
| | 임산부 영유아 관리 | 출산축하 용품(마더박스)지원 |
| | 신생아 양육 지원 | 30만 원/1회 |
| | 출산장려 및 양육지원 | 첫째 10만 원/월, 둘째 15만 원, 셋째 25만 원 넷째 30만 원, 다섯째 이상 40만 원(쌍태아 각각) |
| | 농가 도우미 지원 | 4만 원의 80%/일, 최대 70일 |
| | 농업인 연금보험료 | 부담 보험료의 1/2 |
| | 농업인 건강 보험료 | 부담 보험료의 28% |
| | 농업인자녀 학자금 지원 | 고등학생 입학금, 수업료 지원 |
| | 농어촌 양육수당 | 10~20만 원/월, 어린이집 유치원 미이용 자녀 |

| | | |
|---|---|---|
| 순천시 | 농번기 농촌마을공동급식 지원 | 120만 원/마을(12개 마을) |
| | 농업인 연금보험료 | 부담 보험료의 1/2 |
| | 농업인 건강 보험료 | 부담 보험료의 28% |
| | 농업인자녀 학자금 지원 | 고등학생 입학금, 수업료 지원 |
| | 농어촌 양육수당 | 10~20만 원/월,<br>어린이집 유치원 미이용 자녀 |
| | 농가 도우미 지원 | 4만 원/일, 최대 70일 |
| 신안군 | 가사 · 간병 방문도우미 사업 | 재가 간병, 가사 지원 |
| | 다문화 가족 지원 사업 | 국적취득지원, 인터넷 사용료<br>친정 나들이 등 |
| | 치매예방 및 치료관리지원사업 | 조기검진 및 진료/60세 이상 |
| | 출생 장려금 지원 | 첫째 50만 원/둘째 100만 원/<br>셋째 200만 원/넷째 이상 300만 원 |
| | 농업인자녀 학자금 지원 | 고등학생 입학금, 수업료 지원 |
| | 농 · 어민 신생아 도우미 | 출생 후 12일간 신생아 도우미 지원 |
| 여수시 | 농가 도우미 지원 | 4만 원/월 |
| | 농업인자녀 학자금 지원 | 고등학생 입학금, 수업료 지원 |
| | 영 · 유아 보육료 지원 | 22~39.4만 원/어린이집 이용 아동 |
| | 영 · 유아 가정양육 수당 지원 | 10~20만 원/어린이집 미이용 아동 |
| | 출산장려금 및 신생아양육 지원 | 첫째 50만 원/둘째 100만 원<br>셋째 300만 원/넷째 이상 1,000만 원 |
| 영광군 | 전입 장려금 | 2만 원/전기. 상수도요금, 쓰레기봉투 등 |
| | 농업창업 지원 | 농업정책자금 이자보전 : 연리2 →1% |
| | 산모 신생아 도우미 | 산모 도우미 12일 |
| | 신생아 양육비 지원 | 120~1,500만 원 |
| | 농업인 연금보험료 | 부담 보험료의 1/2 |

| | | |
|---|---|---|
| | 농업인 건강 보험료 | 부담 보험료의 50% 감면 |
| | 인구 늘리기 시책에 따른 지원 | 전기, 상하수도요금 각 2만 원 이내 /1개월<br>쓰레기봉투100매,<br>자동차번호판 교체비 5만 원<br>중·고·대학생 학비 지원 10만 원 |
| | 사회복지 보건의료 서비스 | 첫째 120만 원/둘째 240만 원/셋째 900만<br>원/넷째 이상 1100만 원, 산모·신생아 도우<br>미지원 12일 |
| | 귀농·귀촌인 농기계임대료 감면 | 임대료 50% |
| | 농업인자녀 학자금지원 | 고등학생 입학금, 수업료 지원 |
| 영암군 | 신생아 양육비 지원 | 첫째 150만 원/둘째 300만 원/셋째 500만 원/<br>넷째 이상 700만 원, 다섯째 이상 1천만 원 |
| | 임산부 보건지원 정책 | 영양제(엽산제, 철분제) 지원 |
| | 농업인 건강, 연금보험료 지원 | 건강보험료 및 연금보험료 50% 감면 |
| | 농촌 보육료. 양육비 지원 | 보육료 및 양육수당지원/만0~5세 |
| | 농업인자녀 학자금지원 | 고등학생 입학금, 수업료 지원 |
| 장성군 | 농업인 연금보험료 | 부담 보험료의 1/2 |
| | 농업인 건강 보험료 | 부담 보험료의 28% 지원 |
| | 농업인자녀 학자금지원 | 고등학생 입학금, 수업료 지원 |
| | 농어촌 양육수당 | 10~20만 원/월, 어린이집 유치원 미이용 자녀 |
| | 농가 도우미 지원 | 3.2만 원, 최대 70일 |
| 진도군 | 고위험 임산부 의료비 | 300만 원 범위/인, 의료실비 |
| | 난임 부부 지원 | 시험관아기 등 보조 생식술, 인공수정 시술비 |
| | 신생아 건강보험 | 3만 원 이내/월 |
| | 출산 장려금 | 첫째 100만 원/둘째 200만 원/ 셋째 이상<br>500만 원 이상 |
| | 농업인 연금보험료 | 부담 보험료의 1/2 |
| | 농업인 건강 보험료 | 부담 보험료의 28% 지원 |
| | 농어촌 양육수당 | 10~20만 원/월, 어린이집 유치원 미이용 자녀 |

| | | |
|---|---|---|
| 해남군 | 봉사 · 선행 장학생 | 60만 원/인, 6명 이내 |
| | 예체능 특기자 장학생 | 250만 원, 5명 이내, 전국, 도 단위 3위 이내 입상 |
| | 기능장 장학생 | 100만 원/인, 20명 이내, 해남공고교장 추천 |
| | 희망 장학생 | 60만 원/인, 30명 이내 |
| | 관외고교 성적 우수 장학생 | 60만 원/인, 10명 이내 |
| | 글로벌 리더 장학생 | 500만 원, 외국 우수대 입학 신입생 |
| | 우수 인재 대학 장학생 | 150만 원/4년제, 100만 원/ 2~3년제, 30명 |
| | 농업인자녀 학자금 지원 | 고등학생 입학금, 수업료 지원 |
| | 농업인 연금보험료 | 최고 35,550원/월, 소득에 따라 차등 |
| | 농업인 건강보험료 | 부담 보험료의 50% 경감 |
| | 임산부 지원 | 검진쿠폰 3매, 철분제, 엽산제 |
| | 신생아 건강보험 지원 | 3만 원/월, 5년 납입, 10년 보장 |
| | 출산가정 축하 및 격려 | 출산 축하 격려금 지원 |
| | 농촌 신생아 양육비 | 첫째 300만 원/ 둘째 350만 원/셋째 600만 원/넷째 이상 720만 원 |
| | 농어촌 보육료 양육수당 지원 | 10~20만 원/월, 어린이집 유치원 미이용 자녀 |
| | 농가 도우미 지원 | 4만 원/월, 70일간 |
| 화순군 | 농가 도우미 지원 | 4만 원/월, 70일간 |
| | 농업인 건강, 연금보험료 지원 | 건강보험료 및 연금보험료 일부 경감 |
| | 농업인자녀 학자금지원 | 고등학생 입학금, 수업료 지원 |
| | 농어촌 양육수당 | 10~20만 원/월, 어린이집 유치원 미이용 자녀 |
| | 농가 도우미 지원 | 4만 원/월, 70일간, 출산농가 |
| | 출산 지원 | 양육비 30만 원, 건강관리비 20만 원 + 둘째 매월 10만 원/ 셋째 30만 원/ 넷째 이상 50만 원씩 23개월 지원 |

## | 경상북도

| 시 군 | 사업명 | 내용 요약 |
|---|---|---|
| 경주시 | 농업인자녀 학자금 지원 | 고등학생 입학금, 수업료 지원 |
| | 농어가 도우미 지원 사업 | 3.2만 원/일 |
| 고령군 | 농업인 건강, 연금보험료 지원 | 개인별 차등 지원 |
| | 여성농업인농가 도우미 지원 | 3.2만 원/일, 90일 범위 내 |
| | 농업인자녀 학자금 지원 | 고등학생 입학금, 수업료 지원 |
| | 농작물 재해보험료 지원 | 재해 보험료의 25%, 28개 작목 |
| 문경시 | 농업인자녀 학자금 지원 | 고등학생 입학금, 수업료 지원 |
| | 농가 도우미 지원 | 영농작업 대행비, 90일 이내 |
| | 영유아 보육료 지원 | 영유아 보육료, 0~5세 |
| | 출산 지원 | 출산 지원금 |
| 봉화군 | 농업인 건강·연금보험료 지원 | 건강보험료의 50%, 연금보험료 최고 35,550원 |
| | 농가 도우미 지원 | 3.2만 원, 90일 범위 내 |
| | 농업인자녀 학자금 지원 | 고등학생 입학금, 수업료 지원 |
| 상주시 | 농업인 연금보험료 | 차등지원, 최고 35,550원 |
| | 농업인 건강보험료 | 공단 확인 후 50%까지 경감 |
| | 농어촌 양육 수당(0~5세) | 22~39.4만 원/시설 이용, 10~20만 원 시설 미이용 |
| | 귀농인 자녀 장학금 지원 | 100만 원/인, 중고 재학생 20명 정도 |
| | 인구증가시책 지원금 | 20만 원/인 |
| | 출산·육아 지원금 | 첫째 30만 원/둘째 240만 원/셋째 720만 원/넷째 1,200만 원/다섯째 이상 1,680만 원 |
| | 농업인자녀 학자금 지원 | 고등학생 입학금, 수업료 지원 |
| | 농가 도우미 지원 | 4만 원/일(80% 보조), 90일 범위 |

| | | |
|---|---|---|
| 안동시 | 출산 장려금 지원 | 첫째 10만 원/월, 2년/둘째 12만 원/월, 2년<br>셋째 이상 20만 원/월, 2년 |
| | 농업인 연금보험료 | 본인 부담액의 1/2 범위, 최고 40,950원/월 |
| | 농업인 건강보험료 | 부과점수에 따라 차등지원 |
| | 농업인자녀 학자금지원 | 고등학생 입학금, 수업료 지원 |
| | 농가 도우미 지원 | 4만 원/일(80% 보조), 90일 범위 |
| 영천시 | 농가 도우미 지원 | 농촌주부 예산지원 |
| | 농업인자녀 학자금 지원 | 농촌자녀 학자금 |
| 예천군 | 농업인 연금보험료 | 소득에 따라 일부 차등지원 |
| | 출생아 건강보험 지원 | 30만 원/월, 5년간 |
| | 농어촌 양육수당 지원 | 10~20만 원(0~5세) |
| | 농작물 재해보험료 지원 | 순보험료의 85%, 40개 품목 |
| | 농업인 건강보험료 | 건강보험료 지원 |
| | 농업인자녀 학자금 지원 | 고등학생 입학금, 수업료 지원 |
| | 출산 장려금 지원 | 둘째 20만 원, 셋째 30만 원, 넷째 이상 50<br>만 원/2년간 |
| | 농가 도우미 지원 | 4만 원/일(80% 보조), 90일 범위 |
| 의성군 | 농작물 안전재해보험 지원 | 농업인 안전보험, 농작업 근로자 보장보험<br>농기계 종합보험의 50% 지원 |
| | 농어촌 양육수당 지원 | 10~20만 원(0~5세) |
| | 신생아 출산지원금 | 첫째 50만 원, 첫돌 시 50만 원/ 둘째 50<br>만 원, 첫돌 시 50만 원, 매월 5만 원/셋째<br>첫돌 시 50만 원 |
| | 다자녀 양육비 지원 | 셋째 이상 20만 원/월, 5세까지 |
| | 농가 도우미 지원 | 3.2만 원/일, 90일 한도 |
| | 농업인자녀 학자금 지원 | 고등학생 입학금, 수업료 지원 |
| | 농업인 건강보험료 | 부담보험료의 28%, 농어촌지역 22% 별도 |

| 시 군 | 사업명 | 내용 요약 |
|---|---|---|
| | 농업인 연금보험료 | 소득에 따라 차등지원(최고 40,950원) |
| | 농작물 재해보험 지원 | 순보험금(농업인 납부보험료)의 80% |
| 청도군 | 출산·양육 지원 | 첫째 30만 원/둘째 월 5만 원+만 1세 50만 원, 만 2세 100만 원/셋째 월 10만 원 ×11 개월+만1세 100만 원/만 2세 100만 원 |
| | 농업인 연금보험료 | 부담 보험료의 1/2 범위 내 |
| | 농업인 건강보험료 | 부과점수에 따라 차등(최고보험료의 28%) |
| | 농업인자녀 학자금 지원 | 고등학생 입학금, 수업료 지원 |
| | 농가 도우미 지원 | 3.2만 원/월 |
| 청송군 | 농촌총각 국제결혼 지원 | 1,000만 원(보조 50%) |
| | 농업인자녀 학자금 지원 | 고등학생 입학금, 수업료 지원 |
| | 농어가 도우미 지원 | 3.2만 원/일, 90일 한도 |
| 칠곡군 | 농업인자녀 학자금 지원 | 고등학생 입학금, 수업료 지원 |

## | 경상남도

| 시 군 | 사업명 | 내용 요약 |
|---|---|---|
| 거제시 | 농촌 보육여건 개선 사업 | 11만 원/월, 보육교사 특별근무 수당 |
| 거창군 | 전입 장려 지원 | 출산장려 : 둘째 이상 50만 원, 태아 출생아 건강보험/셋째 이상 250만 원, 임신축하기 념품10, 엽산제(임신기), 영유아A형간염무료접종(2회)<br>전입세대 장학금 :10만 원/2인 세대, 20만 원/3인 세대, 30만 원/4인 세대<br>전입 대학생, 고등학생 : 10만 원, 결혼이민자 국적취득 50만 원, 문화예술관람권 5매 이내, 쓰레기종량봉투 20L 45매, 자동차번호판변경비용 |
| | 고등학교 학자금 지원 | 세 자녀 이상 입학금 및 3년간 수업료 |
| | 영유아 양육비 지원 | 둘째 10만 원, 셋째 20만 원/월 |

| | | |
|---|---|---|
| | 농업인 주택 설계비 지원 | 주택 100만 원, 마을공동이용시설 300만 원 |
| | 농업인 상해보험료 지원 | 본인부담금의 80% 이내(최고 20만 원) |
| | 농업인자녀 학자금지원 | 고등학생 입학금, 수업료 지원 |
| 김해시 | 농어가 도우미 지원 | 출산(예정) 여성농업인 도우미 |
| 밀양시 | 농어촌 보육교사 특별근무 수당 | 11만 원/월 |
| | 농업인 건강 증진방 설치 | 향토방, 맥섬석 등 건강 증진방 |
| | 농촌 건강장수마을 육성 | 노년 평생학습 프로그램 운영 |
| | 농업인 재해안전공제 가입 | 농작업 상해 보험료 진원(보조 67%) |
| | 농어가 도우미 지원 | 자녀 출산시 도우미(보조 85%), 90일간 |
| | 농업인 경영안전 지원 | 고교 학자금 지원(3년) |
| 사천시 | 농촌총각 국제결혼 지원 사업 | 600만 원/35세 이상 미혼 남성 |
| | 취약농가 인력지원 사업 | 영농도우미 4.2만 원/일, 가사도우미 8,400원/회 |
| | 농어가 도우미 지원 | 29,750원/일, 출산(예정) 여성농업인, 90일 |
| | 농번기 마을공동급식 지원 | 170만 원/마을, 20개 마을 |
| | 농어촌 보육여건 개선사업 | 11만 원/월, 보육교사 특별근무수당 |
| 산청군 | 영유아 예방접종 | 국가 예방접종 전반 무료 지원 |
| | 찾아가는 산부인과 진료 | 진찰 및 기형아 검사 지원 |
| | 임산부 건강관리 | 철분제 5개월분/임신 20주 이상 임산부 |
| | 출산 장려금 지원 | 첫째 100만 원/둘째 200만 원/셋째 300만 원 |
| | 노인 목욕사업 | 목욕권 3매/분기별 |
| | 장수수당 | 3만 원/85세 이상 |
| | 화장 지원금 지원 | 352천 원/회 |
| | 장애여성 출산도우미 지원 | 100만 원/인 |
| | 농업인자녀 학자금지원 | 고등학생 입학금, 수업료 지원 |
| | 농업인 재해안전공제료 지원 | 보험료의 92%, 가입 후 1년 보장 |
| | 농어가 도우미 지원 | 출산(예정) 여성농업인, 90일 범위 |

| | | |
|---|---|---|
| | 최고 농업경영자과정 지원 | 교육비의 70% |
| | 농촌총각 국제결혼 지원 | 600만 원/인 |
| | 농업발전기금(융자) | 시설자금 5천만 원, 운영자금 2천만 원<br>연리1% |
| 양산시 | 농업인자녀 학자금지원 | 고등학생 입학금, 수업료 지원<br>(분기당 50만 원) |
| | 농어가 도우미 지원 | 29,750원/일, 90일 한도 |
| 의령군 | 노후, 불량주택 지붕개량 사업 | 슬레이트지붕 철거, 보강 교체비 |
| | 농촌주택 개량사업(융자) | 신축 2억, 증축 1억 한도, 대출가능한도 ,<br>연리2% |
| | 귀농·귀촌인 건축설계비 지원 | 150만 원, 관내설계사무소 이용 시 50만 원 추가 |
| | 귀농·귀촌인 빈집개량사업 | 200만 원 이내(보조 50%) |
| | 영·유아 예방접종 백신비 지원 | 선택적 예방접종, 로타 바이러스 |
| | 영·유아 영양제 지원 | 4세 미만 영·유아, 건강 및 발육상태 감안 |
| | 영·유아 양육수당 지원 | 15만 원 이내/월 |
| | 임산부 철분제 지원 | 임산부 6통/인, 임신16주~분만일까지 |
| | 임산부 초음파 검사비 지원 | 검진비 6만 원/인 |
| | 출생아 건강보험료 지원 | 건강보험료 5년 납입/10년 보장 |
| | 출산 장려금 지원 | 첫째 50만 원/둘째 100만 원/<br>셋째 이상 300만 원 |
| | 공공시설 이용 우대 | 우대인증카드(할인 또는 무료이용) |
| | 농업인자녀 학자금지원 | 입학금, 수업료 지원 |
| | 쓰레기 봉투 지원 | 20L 1매/전입세대, 6개월간 |
| | 주민세 지원 | 전입세대 1회 |
| | 자동차 번호판 제작 지원 | 4만 원/ 대당 |
| | 전입 지원금 지원 | 1인 10만 원/2인 20만 원/3인 30만 원/<br>4인 이상 40만 원 |

| | | |
|---|---|---|
| 창녕군 | 전입세대 전세자금 대출이자 | 전세자금(3천만 원 한도) 대출이자의 50% / 2년간 |
| | 전입 현역병 휴가비 | 10만 원/1년 1회(간부군인 제외) |
| | 귀농·귀촌자 건축설계비 지원 | 건축설계비 범위(최고 100만 원) |
| | 주택개량 융자금 | 6천만 원까지/세대 |
| | 빈집정비 지원금 | 매입 최고 700만 원, 임차 350만 원, 수리비 지원 |
| | 고등학생 학자금 | 셋째 이상 입학금, 수업료 |
| | 전입 정착금 | 30만 원/2명 이상 전입세대 |
| | 출산 장려금 | 첫째 100만 원, 둘째 200만 원 / 셋째 이상 600만 원 |
| | 아동 양육 수당 | 20만 원/월, 셋째 이상 |
| 창원시 | 최고 농업경영자과정 교육 지원 | 분야별 교육비 |
| | 여성농업인센터 운영 지원 | 종사자 인건비 / 6인 기준, 운영비, 부정기 사업 |
| | 농촌총각 국제결혼 지원 | 결혼비용 일부 |
| | 농어가 도우미 지원 | 출산여성 도우미 지원, 90일 한도 |
| | 농촌건강장수마을 지원 | 농촌주민 건강시설, 교육비 |
| | 농업인 재해안전 보험료 지원 | 재해안전 보험료 |
| | 농업인자녀 학자금 지원 | 고등학생 입학금, 수업료 지원 |
| 통영시 | 농촌어르신 야광안전조끼 지원 | 65세 이상 |
| | 농업인 재해안전 보험료 지원 | 공제료 지원 |
| | 농업인자녀 학자금 지원 | 고등학생 입학금, 수업료 지원 |
| 하동군 | 농업인자녀 학자금 지원 | 고등학생 입학금, 수업료 지원 |
| | 전입세대 암표지 검사 | 30세 이상 무료 암표지 검사 |
| | 전입세대 팸투어 | 주요시설물과 유적지, 관광지 등 현장답사 |
| | 빈집정보 제공 | 빈집홈페이지 게시 및 상담 신청 시 안내 |
| | 결혼식장 무료대여 | 하동문화예술회관 이용 시 대관료 면제 |

| | | |
|---|---|---|
| | 노인인구 전입세대 지원금 | 30만 원 이내/1인 1회 |
| | 귀농 문화예술인 창작 지원금 | 200만 원 이내 |
| | 자동차 번호판 교체비 | 전액/전 세대원 |
| | 전입 군인 휴가비 지원 | 30만 원 / 2회, 전역 시까지 1년 1회 15만 원씩 |
| | 전입학생 지원금 | 중학생 30만 원, 고등학생 50만 원 |
| | 전입세대 지원금 | 30만 원/2인 이상, 70만 원 / 4인 이상 |
| | 쌍둥이 이상 출산 축하금 | 쌍둥이 100만 원, 세 쌍둥이 이상 200만 원 |
| | 영유아 양육수당 | 10만 원 / 월, 6세 미만까지 |
| | 다둥이 안전 보험 | 2만 원 / 월, 6세 미만까지 |
| | 고위험 임부기형아(양수) 검사비 | 60만 원 이내 |
| | 임산부 철분제 지원 | 6개월분 |
| | 출산 용품 구입비 | 30만 원 상당의 하동사랑 상품권 |
| 합천군 | 출산 장려금 | 첫째 100만 원 / 둘째 200만 원 / 셋째 이상 500만 원 |
| | 전입학생 지원 | 중학·대학생 10만 원, 고등학생 20만 원 |
| | 주민세 지원 | 연간 5,500원 / 2년간 |
| | 차량 이전비 | 31,300원/대 |
| | 종량 봉투제 | 20L 2매 / 월, 6개월간(2인 이상 세대) |
| | 건강보험료 | 5만 원 한도 / 월, 1년간 |
| | 이사비 | 10만 원/2인 세대, 30만 원/3인, 70만 원/4인 이상 |
| | 학습비(6세이상 7세이하) | 7만 원 / 월 둘째, 15만 원/월 셋째 이상 10만 원/월 둘째, 20만 원/월 셋째 이상 |
| | 영유아 양육비 | 10만 원/월 둘째, 20만 원/월 셋째 이상 |
| | 출산(입양) 축하 상품권 | 첫째 10만 원/둘째 20만 원/셋째 이상 30만 원 |
| | 출산(입양) 장려금 | 첫째 50만 원/둘째 70만 원 / 셋째 이상 500만 원 |

| | | |
|---|---|---|
| | 드림 스타트 사업 | 취약계층아동(0~12세) 건강 보육 복지 |
| | 나눔one 행복Ten | 저소득층 생계비, 의료비 |
| | 저소득층 및 위기가정 희망 나눔 센터 | 독거노인 등 저소득층 생계비, 의료비 |
| | 여성농업인 브라보 바우처 | 여성농업인 문화생활, 건강관리 |
| 함안군 | 농번기 마을공동 급식지원 | 농번기 마을공동 급식지원 |
| | 농업인 안전공제 지원 | 재해공제지원 |
| | 농업인 학자금 지원 | 학자금 지원 |
| | 귀농 멘토링 지원 | 영농기술지원 |
| | 귀농안내 홍보물제작 | 홍보물 |
| | 농가도우미 지원 | 임신(출산) 부녀자 도우미 지원 |

## | 제주특별자치도

| 시 군 | 사업명 | 내용 요약 |
|---|---|---|
| 서귀포시 | 농업인자녀 학자금 지원 | 고등학생 입학금, 수업료 지원 |
| | 농업인 안전 공제료 지원 | 안전 공제료 |
| | 농업인 연금보험료 지원 | 연금 보험료의 50% |
| | 농업인 건강보험료 지원 | 건강보험료의 50% |
| | 농가도우미 지원 사업 | 4.8만 원/일, 45일간, 출산(예정) 여성 농업인 |
| 제주시 | 농업인 안전재해 보험료 지원 | 보험료 전액(국고50%, 도비25, 농협25) |
| | 농업인 연금보험료 지원 | 연금 보험료의 50%(최고 38,250원/월) |
| | 농업인 건강보험료 지원 | 건강보험료의 50% |
| | 농가도우미 지원 사업 | 4.8만 원/일, 45일간, 출산(예정) 여성 농업인 |

# 부록4. 귀농·귀촌 관련 조언들

## 귀농·귀촌 하기 전에 반드시 고려해야 할 8가지 원칙

1. 철저한 사전준비는 필수!
2. 욕심은 금물 작게 시작하라
3. 도시의 편리함을 잊어라
4. 이웃과의 관계를 돈독히 하라
5. 가족과 충분히 협의하라
6. 땅을 빌려서 농사를 지어라
7. 소득이 되는 소일거리를 찾아라
8. 귀농·귀촌 교육을 받고 필요한 정보를 모아라

– 귀농·귀촌 종합센터

## 전문가(?)들이 제안하는 귀농·귀촌 7대 원칙

1. 영농기술부터 배우고 귀농해라
2. 가족들과 미리 신중하게 상의하라
3. 귀농 전에 농촌생활의 손익계산서를 작성하라
4. 초기에 너무 많은 돈을 투자하지 마라
5. 도시 생활을 하루 빨리 잊어라
6. 농촌 주민들에게 먼저 다가가라
7. 농업기술센터 등에서 영농기술을 꾸준히 배워라

– 인터넷

## 류근모의 귀농 10계명

1. 즉흥적인 마음을 버리고 단계적으로 준비하라
2. 가족과 충분히 상의하라
3. 아름답지 않은 귀농을 생각하라
4. 자신의 능력을 냉철하게 따져라
5. 도시 생활과 연계할 수 있는 부분 귀농을 하라
6. 지역 밀착형 귀농을 시도하라
7. 귀농의 최종목표를 설정하라
8. 주말 농장을 잊고 실전에 가까운 경험을 해 보자
9. 돈 벌려고 귀농하지 마라
10. 고향 귀농은 재고하라

– 상추 CEO(류근모)

# / 참고문헌 /

## | 책자 및 발표자료

1. 경기도. 경기도농촌에서 직장 갖기, 2016

2. 농촌진흥청, 농촌진흥기관 . 농업기술전문가, 2015

3. 농촌진흥청, 사과 경영관리, 2015

4. 농촌진흥청, 배 경영관리, 2016

5. 농촌진흥청, 포도 경영관리, 2015

6. 농촌진흥청, 수박 경영관리, 2016

7. 농촌진흥청, 농업기술보급서 수박, 2013

8. 농촌진흥청, 농업기술보급서 사과, 2013

9. 농촌진흥청, 농업기술보급서 배, 2013

10. 농촌진흥청, 농업기술보급서 복숭아, 2013

11. 농촌진흥청, 농업기술보급서 포도, 2013

12. 농촌진흥청, 농업기술보급서 자두, 2013

13. 농촌진흥청, 농업기술보급서 블루베리, 2013

14. 농촌진흥청, 주요 원예 . 특용작물 재배력, 2016

15. 국립산림과학원, 대추나무 가꾸기(산림과학속보06-06), 2006.8

16. 통계청, 2016인구주택 총 조사 발표자료, 2017.8.31.

17. 인지어스, 경찰관 전직 심화과정 교재, 2017

18. 개인 강의자료(ppt)

# / 홈페이지 /

1. 농림축산식품부(www.mafra.go.kr)

2. 농촌진흥청(www.rda.go.kr)

3. 국립농업과학원(www.naas.go.kr)

4. 국립식량과학원(www.nics.go.kr)

5. 국립원예특작과학원(www.nihhs.go.kr)

6. 국립축산과학원(www.nias.go.kr)

3. 귀농귀촌종합센터(www.returnfarm.com)

4. 농촌경제연구원 농업관측본부(http://aglock.krei.re.kr)

5. 경기도농업기술원(http://nongup.go.kr)

6. 강원도농업기술원(www.ares.gangwon.kr)

7. 충청북도농업기술원(http://ares.chungbuk.go.kr)

8. 충청남도농업기술원(www.cnnongup.net)

9. 전라북도농업기술원(www.jbares.go.kr)

10. 전라남도농업기술원(www.jares.go.kr)

11. 경상북도농업기술원(www.gba.go.kr)

12. 경상남도농업기술원(www.gnares.go.kr)

13. 제주특별자치도농업기술원(www.agri.jeju.kr)

14. 여주시농업기술센터(www.yeoju.go.kr/main/agriculture)

# 귀농·귀촌에 대한 알찬 정보를 통해
# 모두 '행복한 귀농인'이 되시기를 기원드립니다!

**권선복**
도서출판 행복에너지 대표이사
한국정책학회 운영이사

현대사회에서 치열하게 살던 도시 사람들이 점점 농촌을 찾는 비율이 늘어나고 있다고 합니다. 아마도 각박하고 경쟁이 심화된 도시에서 몸과 마음에 스트레스를 얻고 '힐링'을 위하여 농촌으로 떠나는 것이 아닐까 싶은 생각이 듭니다. 그러나 단순히 휴가처럼 며칠 쉬러 다녀오는 것이 아니라, 아예 그곳에서 '터'를 잡고 생활해야 한다면 이야기는 그렇게 단순해지지 않습니다. 귀농과 귀촌에도 많은 준비와 정보가 필요하기 때문입니다.

『성공하는 귀농인보다 행복한 귀농인이 되자!』에는 전직 농업기술센터 소장이 알려주는 귀농·귀촌에 대한 모든 것이 담겨 있습니다. 사전 정보를 습득하는 법부터 정책 지원이나 알아두면 좋은 기관·단체, 귀농·귀촌의 실상까지 모두 담아내어 귀농과 귀촌을 선택한 이들에게 도움을 주고자 합니다. 현장 경험이 누구보다 풍부한 저자의 조언이 귀농·귀촌을 계획하고 있는 모든 분들께 유익한 정보를 줍니다.

앞으로 귀농·귀촌 인구가 계속 늘어날 전망이라고 합니다. 유비무환有備無患이라는 말도 있듯, 미리 대비하고 준비하면 귀농·귀촌에 대한 막연한 두려움은 새로운 삶의 2막에 대한 기대감으로 바뀔 것입니다. 이 책을 통해 성공적인 귀농·귀촌이 이루어지기를 바라며, 독자분들의 삶에 행복한 에너지가 팡팡팡 샘솟으시기를 기원드립니다.

## 뉴스와 콩글리시

김우룡 지음 | 값 20,000원

이 책 『뉴스와 콩글리시』는 TV 뉴스와 신문으로 대표되는 저널리즘 속 콩글리시들의 뜻과 어원에 대해 탐색하고 해당 콩글리시에 대응되는 영어 표현을 찾아내는 한편 해당 영어 표현의 사용례를 다양하게 제시하기도 한다. 이러한 과정 속에서 독자들은 해당 영어 단어가 가진 배경과 역사, 문화 등 다양한 인문학적 지식을 알 수 있게 된다. 또한 많은 분들의 창의적이면서도 올바른 글로벌 영어 습관 기르기에 도움을 줄 수 있을 것이다.

## 장누수가 당신을 망친다

후지타고이치로 지음/ 임순모 옮김 | 값 17,000원

책 『腸(장) 누수가 당신을 망친다』에서는 생소한 용어인 장 누수에 관해 소개하고 장 누수로부터 일어나는 각종 문제를 설명하고 있다. 다년간 도쿄대 의대 교수로 재직했던 저자가 스스로 만들어 낸 장 건강을 회복하는 레시피를 담고 있어 자극적인 식습관과 음주로 인해 여러 합병증을 겪는 현대인들에게 새로운 식생활 및 습관을 실천하는 데 지침을 줄 것이다.

## 땅가진 거지 부자만들기

전재천, 박현선 지음 | 값 25,000원

이 책 『땅 가진 거지 부자 만들기 II』는 이렇게 '땅 가진 거지'가 되지 않도록 부동산 투자에 꼭 필요한 지식을 설명해 주는 동시에 아무 쓸모없다고 생각하는 땅도 발상의 전환에 따라 '금싸라기 땅'이 될 수 있다는 것을 보여주는 책이다. 특히 이 책이 강조하는 건 토지 매입과 개발의 기본 방향, 주택시장의 변화와 흐름, 땅의 종류와 관련 법령에 따른 개발 여부, 개발 불가능으로 여겨진 '버려진 땅'을 철저히 분석하여 '금싸라기 땅'으로 만드는 방법 등의 실질적인 부동산 투자 관련 지식이다.

## 아파도 괜찮아

진정주 지음 | 값 15,000원

이 책 『아파도 괜찮아』는 한의학의 한 갈래이지만 우리에게는 낯선 '고방'의 '음양허실' 이론과 서양의학의 호르몬 이론, 심리학적인 스트레스 관리 등을 통해 기존의 의학 및 한의학으로 쉽게 치료하기 어려운 '일상적인 고통'을 치료하는 방법을 제시한다. 또한 이론을 앞세우기보다는 저자의 처방을 통해 실제로 오랫동안 고통 받았던 증상에서 치유된 사람들의 이야기를 먼저 전달하며 독자의 흥미를 돋운다.

## 역전한 인생 여전한 인생

구건서 지음 | 값 15,000원

이 책 『역전한 인생 VS 여전한 인생』은 '인생의 내비게이션'이라는 개념을 통해 누구나 자신의 인생 설계도를 만들어 나갈 수 있도록 돕는다. 또한 고민하는 독자들을 위해 구건서 저자는 꿈·관계·도전·재능·행동·기본·준비·열정이라는 8가지 핵심 키워드를 제시한다. 이 핵심 키워드들은 어렸을 때부터 가난의 고통으로 하루하루를 보냈고 수많은 역경을 겪으면서도 법률전문가이자 법학박사로서 '인생 역전'에 성공한 저자의 경험을 그대로 녹여 낸 핵심 자료라고 할 수 있다.

## 대학생 진로와 마주하다

이원희 지음 | 값 15,000원

『대학생, 진로와 마주하다』는 방황하고 있는 청춘들에게 진정한 '진로'와 '꿈'을 심어주기 위한 책이다. 현재 대학에서 진로 지도교수로 재직 중인 저자가 집필한 만큼 학생들이 공통적으로 갖고 있는 고민거리에 대해 따뜻하게 조언하고 격려해 주는 '인생 선배'를 만날 수 있으며, 내 삶을 주인공으로 살기 위해 어떤 방향으로 나아가야 하는지 도움을 준다.

## 이 찬란한 기쁨을 만천하에

정해숙 지음 | 값 20,000원

책 『이 찬란한 기쁨을 만천하에』는 가난했던 어린 시절의 힘겨웠던 나날, 인생을 살아오며 무수하게 겪은 좌절과 시련 속에서도 종교를 통해 한 줄기 희망을 찾은 저자의 삶이 고스란히 녹아 있다. 특히 힘겨운 시절에 희망이 되어 준 종교 '창가학회'에 대한 믿음은 저자의 삶에 대한 행복한 갈망이 얼마나 절실했는지 알 수 있게 해 준다.

## 시가 있는 아침 3집

정기용, 이미자 외 34인 지음 | 값 15,000원

책 『시가 있는 아침』은 지난 2016년 11월 1집, 2017년 4월 2집을 거쳐 탄생한 3집으로, 새로운 사람들과 새로운 시편으로 꾸려진 시집이다. 시를 쓸 때는 '나'를 위로하고, 시를 읽으면서는 또 '남'을 위로하면서 따뜻함으로 서로를 보듬어 간다. 1집부터 꾸준히 참여하고 있는 이들이 구축해 온, 각자만의 개성 있는 시 세계를 엿보는 것 또한 이번 3집에서 중점적으로 감상해 봐도 좋을 만한 포인트다.

## 행복한 삶을 만드는 사랑과 긍정에너지

허남국 · 함성숙 지음 | 값 15,000원

이 책은 거대한 고통과 역경 속에서도 삶의 의미와 행복을 찾아낸 한 사람의 아내에 대한 사랑과 그리움이 담긴 이야기임과 동시에 한 가족이 어려움을 극복하고 슬픔을 이겨내며 새로운 미래를 꿈꾸게 되는 이야기이기도 하다. 13여 년 동안 중병의 아내를 간병인 한 명 없이 돌보며 희생과 봉사의 삶을 사는 저자의 모습은 작은 역경에도 쉽게 많은 것을 포기하려고 하는 사람들에게 여러 가지를 생각할 수 있게 하는 기회를 제공할 것이다.

## 프롤로그

이은철 지음 | 값 15,000원

이 책 『프롤로그』는 우리가 인생의 행복과 성공을 동시에 잡기 위해서는 올바른 삶의 '프롤로그'가 필요하다는 점을 강조하며 성공적인 삶의 프롤로그를 작성하기 위해 중요한 것들과 필요한 것들을 우리에게 이야기해준다. 자기 자신을 사랑하는 삶, 타인과 서로 도우며 공존하는 삶의 중요성을 우리에게 보여주는 다양한 비유를 통해 우리 내면에 숨겨져 있는 '참 나', 즉 진정한 나 자신에 대한 사랑을 이끌어내게 될 것이다.

## 남식(Der maennliche Baum)

Nam—Sig Gross 지음 | 값 15,000원

이 책 『남식』에서 가장 흥미로운 부분은 한국과 독일, 두 문화의 사이에서 자아를 키워온 저자의 모국 한국에 대한 깊은 문화적, 역사적 사유들이다. 책 곳곳에서 드러나는 대한민국에 대한 애정 속에서도 특히 두드러지는 것은 불행한 전쟁을 통해 두 개로 분단된 조국에 대한 안타까움이며 또한 전통적 한국 여성들의 삶, 한국의 교육에 대한 비평, 한국 전통문화에 대한 강한 관심 등은 '한국인이자 독일인'이기에 보여줄수 있는 신선함과 흥미로움을 독자에게 선사한다.

## 4차 산업혁명시대 생존전략

박규리, 이영옥, 신근식, 조용호 지음 | 값 15,000원

이 책은 책 『4차 산업혁명 시대의 생존전략』은 이미 도래하였음에도 우리에게 낯설게 다가오는 '4차 산업혁명 시대'에서 어떻게 살아남을 것인지를 알려준다. 4명의 '뇌교육 전문가'가 한 연령대, 특정 계층에만 국한시켜 알려주는 생존 전략이 아닌, 아이부터 장년까지 모든 세대를 아우르며 '어떻게 살아야 하는가'를 설명해 주고 있다.

# 작은 천국 나의 아이들

정명수 지음 | 값 25,000원

이 책 『작은 천국 나의 아이들』은 30여 년간 아이 사랑의 한길만을 걸어온 지성유치원 정명수 원장의 행보를 통해 초등학교 취학 이전의 어린 아동들을 가르치는 교육자가 어떠한 소명 의식을 가지고 맡겨진 길을 걸어야 하는지 우리에게 이야기해 준다. 결코 쉽지 않은 아동 교육의 현장에서 굳건한 신앙이 가져다준 소명의식과 아이들에 대한 사랑의 마음을 통해 희생과 봉사, 책임감을 갖고 살아가는 한 교육자의 인생을 읽을 수 있다.

# 맛있는 호주 동남부 여행

이경서 지음 | 값 15,000원

책 『맛있는 호주 동남부 여행』은 『맛있는 삶의 레시피』의 저자 이경서가 전하는 새로운 맛있는 여행 이야기이다. 작은아들 내외가 살고 있는 시드니, 그리고 시드니를 거점으로 하여 대중교통을 이용하는 그의 여행은 일반적인 여행사의 여행으로는 경험할 수 없는 색다른 즐거움을 선사한다. 그저 구경만 하는 여행이 아니라, 마치 신대륙을 모험하듯 여행하는 그의 여행기는 도전적인 여행을 꿈꾸는 모든 이들에게 훌륭한 안내서가 될 것이다.

# 학교를 가꾸는 사람들

김기찬 지음 | 값 15,000원

책 『학교를 가꾸는 사람들』은 30여 년의 교사 생활, 그리고 12년간 서령고등학교의 교장을 역임한 저자의 교육 기록이다. 저자는 교사로부터 시작해 학생을 위한, 학생에 의한 학교를 만들고, 학생과 교사뿐만이 아닌 학부모와 졸업생, 지역 인사에 이르는 폭넓은 교육 협업으로 진정한 교육의 장을 일구어낸다. 그가 기록한 충남 서산에 위치한 전국 명문고, 서령고등학교의 역사는 대한민국 교육의 새로운 빛이 될 것이다.

# 오색 마음 소통

이성동 지음 | 값 15,000원

책 『오색 마음 소통』은 바로 그에 대한 해답을 알려준다. '소통은 말과 글로만 하는 것이 아니다. 마음으로 하는 것이다!'라는 책의 부제에서 알 수 있듯이, 우리가 그간 소통에 실패한 이유가 바로 '마음'이 아닌 말과 글로 소통을 하려 했기 때문이라고 말한다. 말과 글은 소통을 하는 수단으로써만 쓰여야 할 뿐, 주(主)가 되어야 하는 것은 바로 '마음'이라는 것이다. 이 책은 소통의 어려움에 부닥친 사람들을 위해 친절히 소통의 과정을 안내하고 있다.

## 나의 행동이 곧 나의 운명이다

김현숙 지음 | 값 15,000원

책 『나의 행동이 곧 나의 운명이다』는 과거 여성의 권위가 제대로 인정받지 못하던 시절부터 수많은 역경을 극복한 ㈜경신 김현숙 회장의 이야기를 담고 있다. 망설이지 않고 행동으로 실천하며 도전정신을 잃지 않아 해낼 수 있었던 많은 일들을 소개하면서 '행동'의 중요성을 강조하고 있다. 하나의 기업을 경영해 온 경영자로서의 자세와 비전, 또 패러다임을 제시하며 다른 여성 CEO와 치열하게 살아가는 청년들에게 희망의 메시지를 전한다.

## 인생 2막까지 멋지게 사는 기술 재미

박인옥, 최미애 지음 | 값 15,000원

책 『인생 2막까지 멋지게 사는 기술 재미』는 잃어버린 웃음을 찾게 해 주는 유쾌한 책이다. 웃음과 유머를 통한 강의로 사람들에게 행복을 전하는 두 명의 저자가 만나 엮은 이 책은 평상시에도 잘 활용할 수 있는 여러 가지 유머 팁을 소개한다. 남들과 진정한 소통을 하고 마음의 문을 열기 위해서 '재미'와 '즐거움'이 꼭 필요하다고 강조하며, 바로 유머를 통해 그것이 가능하다고 보았다. 이 책은 우리의 삶에서 웃음이 가지는 의미를 다시 한번 더 되돌아보게 한다.

## 아, 민생이여

김인산 지음 | 값 15,000원

책 『아, 민생이여』는 도탄에 빠진 민생을 살리는 가장 원론적인 정책의 기본과 민생이 원하는 것이 어떤 것인지를 말한다. 정부가 바뀌고 새로운 정권이 들어서도 여전히 어렵다고만 말하는 민생, 그 민생이 더 위험해지기 전에 살릴 수 있는 길에 대해 저자는 누구나 생각해 봄 직한, 그러나 누구도 쉽게 다른 사람들에게 말할 수 없던 이야기를 풀어낸다. 그의 정책제언은 위기의 대한민국을 구제할 길잡이가 되어줄 것이다.

## 임진왜란과 거북선

민계식, 이원식, 이강복 지음 | 값 15,000원

책 『임진왜란과 거북선』은 조선 수군의 신형 전선 거북선을 집중 조명한다. 민계식 전 현대중공업 대표이사 회장과 이원식 원인고대선박연구소 소장, 이강복 알라딘기술(주) 대표이사가 머리를 맞대어 거북선의 실체를 밝히기 위해 역사적 자료들을 모아 현대적 연구를 통해 임진왜란 당시 활약했던 거북선의 실체를 정리해 본 것이다. 앞으로 원형에 가까운 거북선을 복원할 수 있는 이정표를 남기게 된 것에 큰 의의가 있다.

하루 5분, 나를 바꾸는 긍정훈련

# 행복에너지

'긍정훈련' 당신의 삶을
행복으로 인도할
최고의, 최후의 '멘토'

'행복에너지
권선복 대표이사'가 전하는
행복과 긍정의 에너지,
그 삶의 이야기!

인터파크
자기계발 분야 주간
**베스트 1위**

권선복 지음 | 15,000원

**권선복**

도서출판 행복에너지 대표
영상고등학교 운영위원장
대통령직속 지역발전위원회
문화복지 전문위원
새마을문고 서울시 강서구 회장
전) 팔팔컴퓨터 전산학원장
전) 강서구의회(도시건설위원장)
아주대학교 공공정책대학원 졸업
충남 논산 출생

책 『하루 5분, 나를 바꾸는 긍정훈련 - 행복에너지』는 '긍정훈련' 과정을 통해 삶을 업 그레이드하고 행복을 찾아 나설 것을 독자에게 독려한다.

긍정훈련 과정은 [예행연습] [위밍업] [실전] [강화] [숨고르기] [마무리] 등 총 6단계로 나뉘어 각 단계별 사례를 바탕으로 독자 스스로가 느끼고 배운 것을 직접 실천할 수 있게 하는 데 그 목적을 두고 있다.

그동안 우리가 숱하게 '긍정하는 방법'에 대해 배워왔으면서도 정작 삶에 적용시키 지 못했던 것은, 머리로만 이해하고 실천으로는 옮기지 않았기 때문이다. 이제 삶을 행복하고 아름답게 가꿀 긍정과의 여정, 그 시작을 책과 함께해 보자.

## 『하루 5분, 나를 바꾸는 긍정훈련 - 행복에너지』